ゼロに
飛びこんで
イチをつくる

FCバルセロナとの
ビジネスから学んだ
未来の開き方

浜田満 著

内外出版社

◆目 次

2章 バルサとの出会い 人生最大の幸運の一つだった、会社の倒産

5章 ファン向け事業の落ちこみ 育成事業へのシフト

6章　もう一つの転機
衝撃を与えたU―12ジュニアサッカーワールドチャレンジ　161

はじめに

「個人とは仕事ができないので、会社にしてくださいね」

２００４年６月４日、ソシオ受付代理店を日本で展開するというビジネスプランに対してＦＣバルセロナから言われた言葉です。

その日から僕の起業家としての人生がはじまりました。28歳のときです。

僕はそれまでの人生で、何かで成功したと言える経験が全くない人間でした。そんな人間が、当時日本ではほとんど誰も手掛けていなかった欧州サッカークラブの、それもＦＣバルセロナの事業を立ち上げるなどという無謀な挑戦をはじめたのです。

見るもの、聞くものすべてが初めてという状況の中で、僕はゼロから一つずつ事業を作り上げて行きました。お金も人脈も全くなく、自分でやるしかなかったのです。ないない尽くしの自分にとっては、バルサは基礎問題から応用問題まで準備してくれる先生であり、スポーツマーケティングの生きた教材であり、そして生活していくための唯一の武器でした。

バルサはフットボールを通して、まわりの人間に敬意を表すること、努力すること、チームで助け合いプレーをすること、野心をもつこと、謙虚であることという、五つの価値観を伝えていくことで、世界に通用する人間を育成するという哲学を持っていますが、僕は14年にわたるバルサとのビジネスを通して、好きなことに挑戦し続けること、高い熱量を持つこと、常に柔軟であること、強い気持ちを持つこと、多数のオプションを持つことという五つの価値観を実践することにより、未来が開けるという哲学を持つに至りました。

この本では、第1章から第6章までは、僕の半生を辿りつつ、バルサと対峙しながら実際に学んでいったビジネスノウハウとその実例をふんだんに盛り込んでいます。特に、自分が働いていた会社の民事再生法の適用申請から、バルサへの事業計画書提出、ファン向け事業での起業、ファンマーケットの落ち込みによる会社の倒産危機、選手育成事業への方向転換、U—12ジュニアサッカーワールドチャレンジという世界大会のプロデュースまで、どのようにビジネスを構築してきたかについて書いています。特に、一見華やかに見える欧州クラブとの仕事とは真逆である政治的側面や、その中でどのように立ち回ってきたかという泥臭い部分、また、経営者として判断を下す場面における価値基準などについては、これからスポーツビジネスの世界で生きていこうという方にとっては、参考になるのではないかと思います。

第7章では、バルサと一緒に広げてきたキャンプ事業、スクール事業、大会事業などから培ってきた経験をベースに、日本社会の課題をスポーツで解決していくというビジネスモデルをいかに構築していくかということについて書いています。僕は日本でバルサブランドを広げることが最終目的ではなく、また、日本社会をバルサを使って変えることが目的でもありません。バルサから吸収したノウハウを、日本社会の課題の解決にプラスをもたらす形に活かしていくことができると考えています。ここでは、いくつかの経営手法を組み合わせていくビジネスの実践的な方法について書いていますので、ぜひ参考にしてください。

第8章では、自分自身の経営者として、そして人間としての哲学を書いています。読者の中には、スポーツ業界で働きたい人や、起業したいと思っている方が多いと思いますが、自身のキャリア構築や、人生の価値観の一つのアイデアとしていただければと思います。

僕は、この本を単なるビジネス成功ノウハウ本にもしたくなかったし、単なる自伝にもしたくありませんでした。この本をきっかけに、みなさんが、今後どのような未来を開いていくかを具体的にイメージしてもらえればと思い筆を執りました。

人生は1回しかありません。みなさんには、ぜひ心の底から好きだと思えることに挑戦して欲しいと思っています。ただ、大きな枠での好きなことの中には、たくさんの辛いこと、悔しいこと、腹の立つこと、また、肉体的にも、精神的にも厳しく、今すぐにでも逃げ出したくなるような状況が訪れることがあります。

心から好きなことをやっていると、ある一定のところまでは、そういったことも無視できたり、我慢できたりするのですが、ただ、好きなだけでは、強い気持ちで辛さに打ち勝つことが難しいのです。

僕は、経営者としての14年間で、心の底から好きなことをやっているという部分と、社会に対して自分の価値観を提案していくという部分、つまり自らが行っていることで、社会に貢献していくんだという使命感が困難や逆境を乗り越える強い力となり、未来が開かれていくことに気付きました。ただ、僕が歩んでいる未来は、僕にしか存在しない未来です。これから、みなさんが開いていく未来のヒントがこの本の中から見つかればとても嬉しく思います。

現代はＳＮＳで簡単に双方向のやり取りができる時代です、本書を読んで一緒に仕事をしたいとか、わからないことがあって聞きたいとかあれば、巻末にTwitterのアカウントを記載しているので気軽にご連絡ください。

２０１９年2月15日

浜田　満

１章

本気でやり抜かなかった
サッカー人生への後悔
流浪と葛藤の日々から、
いるべき場所へ

もし、今日が人生最後だとしたら、今やろうとしていることは本当に自分のやりたいことだろうか

２００４年６月21日に調布で個人事業主として独立し、サッカーを生業として生きていくと決めてから約14年が経ちました。いや、実はそうではなく、ＦＣバルセロナから、「契約を結ぶには会社にしてください」と言われたため、個人事業主としての手続きをまず踏んだといった方が正確かもしれません。「バルサから言われたし、とりあえず会社にしないとなあ、でも、会社ってどうやってつくるねん」という軽いノリで始めた起業でしたが、あれから丸14年が過ぎ、日本の子供たちが世界で活躍できる選手になるための選手育成事業会社として、業界では知られた存在にまでなりました。

故・スティーヴ・ジョブズ（Steve Jobs）氏が２００５年にスタンフォード大学の卒業生に向けたスピーチの中で、

「**もし、今日が人生最後だとしたら、今やろうとしていることは本当に自分のやりたいことだろうか**」

という言葉を残しています。この問い対する答えは、考えるまでもなくイエスと言えます。

しかしそんな僕も、バルサとの契約を交わし、独立した28歳の時点ですら、進むべき道や目標を明確に持てていたわけではありませんでした。今振り返れば、特に20代前半はやることなすこと中途半端で「自分の進むべき道はなんなのか」と、模索を続けた時期でした。もちろん、その時は自分がサッカービジネスで起業するなど思ってもみませんでした。

自分のすべてだったサッカーが突如なくなってしまった大学時代

僕は１９７５年奈良県で生まれました。父親はサラリーマンでしたが、『釣りバカ日誌』のハマちゃん（古い！）のような人で、自分のやりたいことしかやらない性格でした。そのため、組織では生きていけず、僕が小さい頃は仕事を転々としていました。その影響もあり、家はお世辞にも裕福とは言えない家庭で、公団の45㎡ほどの小さい３Ｋの家に住んでいました。父は競馬、麻雀、パチンコ、釣りが趣味で週末は競馬でほぼ家にいませんでした（大人になってから、父が「でかい仕事がきたらうやむやにする」と得意げに語っているのを聞いて、ある意味大物やなあと思っていました）。

そんな家だったため、親にどこかに連れて行ってもらうといったことはほとんどなく、基本的に学校の友達と、ドッジボール、野球、サッカーをはじめとするあらゆる遊びに明け暮れる日々でした。小学校3年の頃までは、僕は野球チームに入りたかったのですが、近隣の少年野球チームへの入り方がよくわからず、友達が入っていたサッカー部は学校のスポーツ少年団で、入部が簡単だったという理由でサッカーを始めました。小学校4年のときです。その小さなきっかけが人生そのものを変えてしまうとは人生ってのはわからないものです。

サッカー部に入って、最初に出た試合は今でも鮮明に覚えていて、なんと完全なお団子サッカーでした。今だと小学校4年だと団子にはならないと思いますが、当時はレベルが低かったのです。自分は団子に入っていくタイプではなく、外でこぼれてくるボールを待っているタイプでした。プレーしながら「この団子、何かがおかしいやろ！」と思ってましたけど、ただただ、入っていけなかった思い出があります。当時テレビでやっていたサッカー漫画『キャプテン翼』が大流行していて、テレビで見ては真似をしていました。ドライブシュートはよく練習したものです。そして、もっとも憧れたのが冬に行われる全国高校サッカー選手権で、当時は録画できる試合はすべて録画し、高校生のプレーを真似ていました。

サッカーを始めてからは、「サッカーがうまくなりたい」という思いよりは、「とにかくサッカーが好き」という思いが強かったと思います。実は小学校のときの監督はサッカーをしたことがないという人で、一度も監督に練習や試合で指示をされたことはありませんでした。「オフサイドってなんやー」と言われたときには何かがいろいろ間違っていることはわかってましたが、他に選択肢もなく、ただボールを蹴るのが楽しく、通ってました。実は、当時の僕はサッカーを毎日やってれば勝手にうまくなると思っていました。というのも教えてもらったことがないので教えてもらうという概念がなかったのです。

中学では、自分の代では、奈良県の大会をほとんど制することにもなる強豪中学でプレーをしましたが、３年間補欠でＡチームの公式戦で出られた試合はほんの数試合。当時の顧問は今だったら１００％クビが飛んでいるであろうとんでもない指導者で、１失点したらグラウンド10周。なぜか10点近く貯められ、いきなりグラウンド１００周走れだとか（しかも僕はＡサブなので、自分が出ていない試合の失点でも連帯責任で走る〈笑〉)、夏の炎天下に対角線ダッシュという延々と続く50m走の合間に、なぜか錆びたバケツに入った水がグラウンドにおかれ、飲むならバケツの水を飲めと言われたりとか、夏の炎天下に練習が朝3時間、昼3時間の2部練習だったりとか。ブラック部活のお手本のような部活でしたが、なぜかサッカーが好きだったので辞めたいと思ったことは一度もありませんでした。最終的には奈良県のトップレベルのチームで3年間ついていってたため、自分でもそれなりにやれると思っていました。そのため、高校でもサッカーを真剣にやりたいなという思いがあり、奈良育英高校と市立一条高校を受けて、結局一条高校(当時は強豪ではない)に進学しました。もう無意味に走りたくないという感情と、高校から私立に行くお金は家庭にないだろうと考えたことが理由です。

当時同じ奈良県には後の元日本代表GKの楢崎正剛選手などがプレーする奈良育英高校が立ちはだかっていました。僕はと言えば、高校1年生のおわりに椎間板ヘルニアになり、半年後には手術をしたこともあり、2年の冬までほぼ1年近く棒に振ることにもなりました。高校2年の正月明けの新人戦からレギュラーにはなったものの、高校選手権もベスト16で奈良育英に敗退し、高校時代も全国大会などの大舞台とは無縁の選手生活を送りました。

市立一条高校サッカー部時代の著者。前列左から３番目

何の変哲もない環境ですごした自分の目が、海外に向き始めたかなと言えるきっかけが、高校2年の2学期にありました（自分はヘルニアから復帰前でしたが）。奈良市と姉妹都市のキャンベラ市から選抜チームが来ていて対戦したのです。その際にホームステイにきたオーストラリア人と英語で話をしようと試みるも全く通じない。止む無く筆談するのですが、この時、語学を学びたいと強く意識することになり、英語を猛勉強しつつ、「もしかしたら将来何かサッカーと関われるかもな」という気持ちと、英語は話せる人がたくさんいるので、自分の価値を高めるには人と違ったことをやろうと、スペイン語科を志望しました。そして、大学でもサッカーを続けるつもりで、最終的に模試ではE判定だったものの関西外国語大学スペイン語学科を受けることにしました。勉強のレベルでは偏差値は達していなかったのですが、過去問を研究し、２００点満点中１４０点あれば合格だということを知り、そのうち40点ほどの配点があった発音問題に集中し満点を

取れば、残り6割ほどで合格できるだろうと考え、勉強した結果見事に合格。先生をはじめ、家族ですら誰も受かると思ってなかったようで、まわりは最初誰も信じてくれませんでした（笑）。

サッカーのレベルでいうと、関西外国語大学は当時関西2部リーグに所属しており、ある程度のレベルでサッカーをできる環境にあると考えたのです。4年間、これからも好きなサッカーを続けようという思いでした。

しかし、ここで僕のサッカー選手人生において、思いがけない挫折が待っています。関西外国語大学サッカー部を、入部後たった二週間で辞めてしまうのです。これまで上下関係が無縁のチームでプレーしていたこともあり、超がつくほどの体育会系には全くなじめませんでした。また1年生はボール拾いばかりでほとんど練習はさせてもらえず、練習も監督はおらず、キャプテンが実質監督でした。しかも、キャプテンは当時のトレンドであった元日本代表監督の加茂周氏の「ゾーンプレス」を取り入れようとしていたので、ボールを蹴るよりも走ってばかりの練習でした。高校時代までやってきたサッカー観とのあまりの乖離に、「これはやってられん」と、スパッとやめてしまったのです。

中学、高校、大学と、自分のサッカー人生はどの時代も、「自分がサッカーを通して将来どうなりたいか」ということに向き合わず、なんとなくサッカーという時間を過ごしてきてしまったのですが、結局サッカー選手としての世界では何も残せず、最終的に大学では逃げるようにサッカーの世界から身を引いたのです。

その後、これまでサッカーしかしてこなかった自分にありったけの時間ができてしまったこともあり、何をしていいかわからなくなり、それからというものモヤモヤとした気持ちを拭えないまま遊び呆けてしまいます。

はじめて世界とつながった1カ月――はじめてのスペイン留学

自分ではあまり気づかないものですが、当時は自分にとってはサッカーがすべてだったので、他のことをやってもやっぱり全く身が入らず、そんな時に、思い立ったのが、「海外へ行ってみよう」でした。

僕は外国語学部のスペイン語学科に所属していました。サッカーならとりあえずスペイン語学科だろうと軽い気持ちで選んだのですが、大学時代にスペイン語は話せるようになりたいなと思い、大学1年生の終わりにスペインに1カ月間の短期留学をすることにしました。たまたま、学校のプログラムに1カ月の語学留学プログラムがあったのです。いま振り返ると、この短期留学が、サッカー以外何にもやってこなかった僕が新たな人生を踏み出すきっかけになったように思います。それからというもの、僕は語学を学ぶことに大きな情熱を注ぐようになりました。

留学したのは、スペインの中北部にあるカスティーリャ・レオン州の州都バリャドリードでした。みなさんには、城彰二選手が所属したことでなじみのある街かもしれませんが、その頃はまだ城選手が移籍してくる前で、聞いたこともない街でした。バリャドリードへ行く前にマドリードで1泊し、街を歩いて感じたのは、突き抜ける青い空と刺すような太陽の日差し、ゆるやかな空気感、初めて海外で生活する僕にとってすべてが新鮮で感動的でした。なんと言うか、一言で言うと馬が合うというか、「あ、ここが自分が来るべき場所だったな」という感覚でした。

一方でそのマドリードでの夜は、ホテルの前にセブンイレブンがあったのですが、入り口にライフルで武装したガードマンが立っていて、「結構やばい国に来てしまったかもしれん」と思ったものです。今でこそインターネットやSNSで情報がたくさんあるのでスペインはなじみのある場所かもしれませんが、当時（1995年）はインターネットもなく、通貨もユーロではなく、ペセタでしたし、言葉もままならない状況だったので、最初は物を買ったり、カフェに入るのはだいぶハードルが高かった記憶があります。

当時は毎週末バリャドリードでスペインのサッカーを見に行ってました。最初に見た試合はバリャドリード対サンティアゴ・デ・コンポステーラという、今だったら絶対に行かないであろう試合でしたが、初めてみるリーガエスパニョーラ（現ラリーガ）の試合のレベルの高さにびりました。それからはバリャドリードのトップチームがアウェイのときは、ホームで開催されているバリャドリードBの試合まで見に行くぐらい、スペインサッカーを満喫してました。

語学についてはホームステイのおばちゃんが毎日、朝コーヒーを飲むときに質問をしてくれ、僕が理解できないと、「また明日ね」という感じで、トレーニングしてくれました。外国語を話したことがない人はわかると思うのですが、外国語で話をするという感覚が自分にはなかなかよくわからなかったのです。言葉が出ないという感じです。結局1カ月いて、片言でなんとか言えるぐらいには上達したと思いますが、それよりも、留学するまでの約19年間を奈良県という狭い場所で育った僕にとって、はじめて世界と繋がったこの1カ月は、その後の価値観に大きな影響を与えました。もっとスペインの生活を経験したいと感じた僕は、帰国する飛行機の中で、さらに1年間スペイン留学する決意を固めていました。

マラガでの1年間

日本に帰ってきた僕は、それからの1年間、留学資金を貯めるために三つ掛け持ちをしてアルバイトに明け暮れました。１００万円貯めても足りず、親にもお金を借りて、大学2年生の終わりごろから、大学を休学して（交換留学という方法もあったのですが、成績が悪く、応募すらできませんでした）留学先に旅立ちました。次の留学先はスペイン南端に位置するアンダルシア州マラガ。アンダルシア州で最も歴史あるクラブの一つ、マラガＣＦ（当時３部）の本拠地でもあります。マラガを選んだ理由は単純。他の地域にくらべ学費や生活費が安く、綺麗な海があったからです。

『成功する留学』という本を見て、自分でよさそうな語学学校に手紙で連絡をして通うことに決めました。ホームステイではなく、ピソと呼ばれるシェアハウスに入ることになりました。出発1週間ちょっと前に、なんとスペインから封筒でアパートの鍵が届きました。その鍵とアパートの住所だけを持ってマラガに向かいました。マラガにはシンガポール経由で向かいました。というのも、高校時代のサッカー部のチームメイトがたまたまシンガポールの親戚の家に旅行で来ていたため、一緒にマレーシアでアトランタ五輪のアジア予選（中田英寿選手や前園真聖選手が出ていた予選）を見に行くことにしていたのです。その友人は今アビスパ福岡の強化部にいて、仕事でもちょくちょく絡んでいます。将来二人ともサッカー界で仕事をしているとは、当時は夢にも思わなかったです。

マラガに着いてからは、語学学校に通う傍ら、サッカーをする場所がないかなといろいろ調べていたところ、語学学校の日本人のクラスメイトが、「彼氏がサッカーチームでプレーしてるから紹介するよ！」ということで、チームの人を紹介してもらい、ビーチに来てくれと言われたのでビーチに行くと、漁師風の上半身裸のお兄ちゃんの集団にそのまま連れて行かれて、そこでサッカーをすることになったのです（笑）。チームといっても自分はスペイン語が全くわからず、練習がどこであり、どこで試合があるかを理解するので精一杯。ただ、後からわかったのですが、全員漁師ということもあり、運動量がえげつないだけでなく、プレーでもまわりはかなりうまく、ついていくので結構必死でした。それなのに試合後にはビールを飲みながら○○ファナみたいなものを吸っているし、全く理解不能でした。街の名前は「エル・パロ」という名前だったのですが、最終的に自分が所属していたチーム名もわからないし、何の試合に出ているのかわからない（笑）。

でも、この底辺街クラブの試合でも観客は100人ぐらいはいつも見に来ていたのです。途中で変えられたりもするし、指示とかたぶん出されているんだけども、本当の監督が誰かもよくわからない。そこではＰＫを任されるなど、ある程度のチームからの信頼は勝ち取っていたように思います。試合を決めたＰＫのときは、チームの大変な喜びようから、何となく大事な試合なのかなということは察しましたが、あれから20年以上経った今でも、真相は謎のままです（笑）。ただスペイン人にはサッカーではかなわないと心底感じました。

そんな海外の文化を肌で感じながら充実した留学生活を送り、帰国が迫る中で次第に「海外へ行けばこれだけ充実した環境で語学を学べるのだから、大学で講義をとってわざわざ勉強しなくても独学で十分なのではないか？」と外国語を大学で学ぶことに疑問を感じ始めていました。と同時に、「海外を舞台に働きたい」という思いが少しずつ芽生えてきたのです。

サッカーでもっとやれたんじゃないか？

１年間の留学期間を終え帰国し、21歳になった僕はある目標を設定します。それは「24歳までにスペイン語の他に英語とイタリア語をマスターすること」でした。

目標を達成するために、春休みにカナダへ短期留学をしたり、大学の〝スピーキングパートナー制度〟（日本語を教えるかわりにイタリア語を教えてもらう交換授業）を使ってイタリア人のスピーキングパートナーを作ったりもしました。語学だけでなく、アルバイトでお金を貯めては、バックパックで世界中を旅するようになりました。コスタリカ、ニカラグア、エルサルバドル、ホンジュラス、グアテマラ、メキシコといった国々をバスで旅したり、ヨーロッパ中を電車で旅したり、在学中に30カ国以上をまわりました。

実は、1年間のスペイン留学やその後のバックパックでの旅で自分が取り組んでいたのは、スペイン語が話せるようになるということ以上に、**あらゆる工夫をし、100％の力で取り組み、やりきる**ということでした。スペイン留学で、様々な人に会い、自分の話をしたり、過去を振返るたびに、大学のサッカー部を2週間でやめたことだけでなく、サッカーが無茶苦茶好きだったのにも関わらず、ただなんとなく一生懸命サッカーをしていた自分に対して、**もっとやれたんじゃないかという強い思いが芽生えてきていたのです。それ以降、自分の人生そのもので何かを成し遂げたいという思いが人一倍強くなってきた**ように思います。

同時に、自分の同世代に負けたくない、より早く経験を積みたいという焦りに近い感情に駆られていました。それもあって語学スキルや海外経験を積もうと必死になっていたのですが、このころ、暇さえあれば語学を勉強していました。ガリ勉というよりは、語学の勉強に対しての向き合い方が本気になり、スペイン語の雑誌を翻訳したり、スペイン語でイタリア語を学ぶ教材で勉強したり、映画の英語字幕を書き起こしたり、常に工夫をしながら少しずつ語学を向上させていきました。実際に海外を肌で感じた経験が、のちのち欧州サッカークラブとの仕事に活きることになるなど想像もしませんでしたが……。

海外勤務を目指して入社も、職を転々

大学3年生が終わり、まわりは就職活動に明け暮れているときも僕は全く就職活動をしていませんでした。というのも、就職をする意味そのものがわからず、なぜ新卒で入る必要があるのかもよくわからなかったのですが、かといって何か就職以外に情熱を捧げられるものもなかったため、とりあえずいくつか受けることにしました。結局、近畿日本ツーリスト、ミキ・ツーリスト、NOVA、日本ハム、近鉄エクスプレス、海外新聞普及（現OCS）という6つの会社を受け、3社ほど内定をもらいましたが、日本ハムに行くことにしました。というのも、学内推薦枠で、

入社1年以内でのメキシコ勤務というのが入社時には決まっていたからです。

このとき、僕にはある目論見がありました。入社後最短で海外に勤務し、そこで3年間経験を積んだら海外で転職をし、同年代の人と比較してはやく頭角をあらわすことができる環境を望んでいました。

とはいうものの、1999年4月に10日間の新入社員研修のタイミングで、「入る会社間違えたかな？」という疑念が頭をよぎり、2カ月の工場勤務を経て茨城県の水海道工場に配属になった7月20日に退職願いを出しました。僕はスペイン語が使える仕事であれば、海外に仕事で行けるのであればなんでもいいと思っていたのですが、ベルトコンベヤーを流れるミートボールのパックを三つ重ねてパッキングするという作業を8時間繰り返して、その数を毎日競う、不良率を何パーセント縮められるかなどといったことに、自分の大切な時間を使うことに全く興味も意味も見いだせず、毎日下駄箱で会う中堅社員の魚の死んだような目を見ると、ここで生きてはいけないと思い決断しました。海外で働けるのであれば何の仕事でもいいと思っていたのですが、自分がやりたと思っている仕事でなければ気持ちがついてこなかったのです。

その後、9月～11月まで国内旅行の添乗員として3カ月働き（アルバイト）、アルバイト中に内定の出た南米関連の貿易商社で12月から働きました。とはいえ、貿易関連のスペイン語の文書の〝てにをは〟レベルまで添削してくるおじいちゃん社長と全く馬が合わず、３週間の試用期間でクビになりました（笑）。

その後、大阪の繊維を扱う専門商社に再就職しましたが、なんとその会社も再び４カ月で辞めてしまいます。海外勤務の可能性も低く、スペイン語ではなく英語を使った仕事が多かったというのもあるのですが、これまた上司と全く馬があわず（僕が勝手な働き方をすることもある意味問題ですが）、「お前は誰の許可で勝手にやってるねん！」と自由を奪われるのが僕は最も嫌だったのです（笑）。在職中に受けた在外公館派遣員という若手を海外の在外公館に派遣するという仕事に応募したら一発合格したため、すっぱりと辞めてしまいました。

結局、１９９９年〜２０００年にかけて、社員としては3社、アルバイト1社を転々とし、最終的に２０００年9月から在ベネズエラ日本国大使館に勤務することになりました。

やっと海外で働ける！　２年間のベネズエラ在外公館派遣員時代

すこし話が戻りますが、留学を経験して海外で働きたいという思いが強まる中で、大学在学中は、大学のチリ人とメキシコ人の先生と中南米の政治問題や、イデオロギー闘争、発展途上国での国際援助などのテーマでディスカッションをすることが多く、国際協力の仕事に興味を抱くようになっていました。

ある授業でのこと、「街で物乞いをしている人がいて、自分にお金をせがんできたら、どうするか？」というテーマで話をしていたとき、僕は「今日お金をあげても、死ぬのが明日になるだけで、状況は何もかわらない」と主張しました。理由は「自分自身でお金を稼ぐ方法を知らなければ、長期的にみて意味を持たないから」でした。

詳しくは後述しますが、この「**安易に他人に頼っていては大きな発展はありえない**」という考えは、現在選手育成に関わる事業に携わるうえでの僕の大きな哲学でもあり、このときから明確に抱いている信念でもあります。そしてその判断は今でも間違っていないと思っています。

一方で、その時のチリ人の教授の言葉を今でも覚えています。「もし、目の前に今日死ぬかもしれない人が現れたらどうしますか？　今日誰かがお金やものを与えたら、明日また他の誰かがその人に与える。それはそれでいいのではないでしょうか？」その言葉が忘れられなかった僕は、それから発展途上国への援助や国際協力に関する本を読み漁るようになりました。そしてその時から、国際公務員や外務省、ＪＩＣＡなどの国際協力に貢献できる仕事にいつか就きたいと思うようになったのです。

こうして大学時代抱いていた目標に向き合った僕は、当時募集していた在外公館派遣員の仕事に応募します。在外公館派遣員は、試験に合格すると2年間海外の大使館で働くことができます。試験は当時3次試験までありましたが、前述したとおり、意外とすんなりと合格。僕はスペイン語圏の南米大陸での勤務を希望しました。南米大陸であれば、国際協力に携わる機会が多いのではないかと考えたからです。

ベネズエラでの2年間の勤務は素晴らしいものでした。実際に働き始めると、当初思っていた通りJICAの専門員が絡むいくつかの国際協力の仕事に携わる機会にも恵まれました。また、全日本大学野球連盟が日本大学選抜野球チームをベネズエラに派遣した際に、現地受け入れを担当した仕事は特に印象に残っています。

また、日本ではありえないような生活も経験しました。五つ星のホテルのロビーに蚊がブンブン飛んでいたので、「危ないかなあ」と思っていたら、案の定デング熱にかかり40度近く発熱して1週間入院したりしました。

ベネズエラに派遣された日本大学選抜
野球チームの受け入れを担当
後列右から２人目・著者

また、当時のベネズエラは日中こそ「南米の楽園」と言われるほどのんびりとした良い国だったのですが、夜はとにかく治安が悪く、ホテルの窓やドアには必ず鉄格子がかかっています。夜間に車を運転する際は、強盗に遭うので「赤信号でも止まるな」というのが鉄則。強盗などは日常茶飯事で、特に日本人や観光客、ビジネスマンは格好のカモです。

在ベネズエラの期間中は、大使の警護官が強盗に襲われたり、友人の家に遊びに行った帰りに車がなくなっていたり、大使館に爆弾が仕掛けられたと電話があったり、まあいろいろありました。現在ベネズエラは、深刻な経済難が長年続き、食料や物資不足から治安も年々悪くなっていると聞くので、もうベネズエラを離れて久しいですが、この国の状況は今でも気になります。

それでも、ベネズエラでの在外公館派遣員として勤務した期間は、長く続かなかった日本での会社員時代があっただけに、すべてが刺激的で充実していました。それこそ、サッカーは頭の片隅にしか残っていないほどで、南米で生活するうちに国際公務員になりたいという気持ちが芽生えていました。

国際公務員になるためには、発展途上国での勤務経験に加え、最低でも大学院の課程を修了していること、またスペイン語以外に英語かフランス語の高度なスキルが必要だったこともあり、ベネズエラでの在任中、英語学校に通い、さらにプライベートレッスンを週1回受け、フランス語学校にも通っていました。

一方、ベネズエラではベネズエラ駐在からそのまま起業し、ベネズエラで成功している人を見て、「何か自分でもベネズエラでビジネスを起こせるのではないか。もしかしたら、日本とベネズエラをつなげるビジネスができるのではないか」と、いろいろアイデアを考え、下見をしたりもしました。

例えば、エンパナーダというベネズエラの食べ物（トウモロコシの粉を引いた生地に乗せた肉や野菜を餃子のように包んで油であげる）があるのですが、本当においしく、日本でテイクアウトのエンパナーダ屋とか、ベネズエラコーヒーを利用した日本でのカフェ展開（コロンビアではいいコーヒー豆を輸出するのですが、ベネズエラではいいコーヒー豆は国内で消費されるので国内のコーヒーが非常においしいのです。そのため、日本では珍しいベネズエラコーヒーを使ったカフェは流行るのではないかなと考えていました）だったり、他にもいくつか考えていました。

とはいえ、自分に自信もあまりなく、どうやってビジネスを起こしたらいいかもわからなかったので、結果的に安パイに見える国際公務員の方に気持ちが流れていきました。高い志を持ってキャリアを構築していくのも大切ですが、自分に自信がなかった当時は「どうやったら食いっぱぐれないか」の方に自分の意識は向いていました。

任期満了、就職浪人、これはちょっとやばいなあ……

ベネズエラ勤務の任期満了が近づく頃には、国際公務員になるために現場での経験を積む必要があると考えた僕はＪＩＣＡで働きたいという思いが強くなっていました。このとき26歳。次の会社に勤めると会社勤務はもう5社目になってしまいます。そんな経歴にも少なからず思うところがあった僕は、２００２年9月の帰国から２００３年の社会人採用試験の5月まで8カ月間、就職浪人となりました。

帰国時にはＴＯＥＩＣが７５０点あったのですが、ＪＩＣＡで必要とされる筆記試験のレベルに達するため、大阪の英語学校に通い、その後1月にはＡＭＤＡと言われる医療ＮＧＯのスタディツアーでネパールの奥地に行ったり、2003年の1月後半からは、イングランドのボーンマスに2カ月間の語学留学に行き猛勉強しました。JICAの試験直前に受けたTOEICでは845点とかなりのレベルに達したこともあり、自分としては、万全の状態で臨みました。

しかし、結果は不合格。このときばかりは結構ショックを受けました。僕は「これはちょっとやばいなあと……」と感じ、求人サイトに登録し、新しい仕事を探し始めることにしました。

やっとサッカーに関わる仕事に

当時、転職サイトでは一番有名だったリクナビNEXTというサイトで、現在の仕事のきっかけとなる会社と出会います。見つけたのは、日本スポーツビジョンという会社でした。求人内容は「ヨーロッパのサッカークラブのグッズに関する仕事。英語必須、スペイン語かイタリア語ができれば尚良し。急成長中の弊社で活躍しませんか?」というものでした。「これはまさに自分のための求人だ。絶対に受かる」と瞬時に思うほどに〝ドンピシャ〟の条件でした。そしてその直感は間違っていませんでした。僕は無事採用試験に合格し、初めて関西を出て東京の日本スポーツビジョンに就職することが決まったのです。

僕は様々な紆余曲折を経て、「将来サッカーに関わってみたい」という学生のころ、そしてこれまでなんとなくおぼろげに思い描いていた最初の夢に、期せずして立ち返ることになりました。

前述のスティーブ・ジョブズの卒業スピーチの中で、「そのときは気づきませんでしたが、アップルから追い出されたことは、人生でもっとも幸運な出来事だったのです」と述べています。また、「将来を予め見据えて、点と点をつなぎあわせることなどできません。できるのは、後からつなぎ合わせることだけです。だから、我々はいまやっていることがいずれ人生のどこかでつながって実を結ぶだろうと信じるしかない」とも述べています。

今、振り返ると、ＪＩＣＡの試験に落ちたことは自分の人生の中でもっとも幸運な出来事の一つだったと思っています。もしかしたら、ＪＩＣＡに受かっていたとしても、その後サッカーというフィールドに遅かれ早かれ戻ってきていたかもしれません。大好きだったサッカーを大学では2週間で辞め、仕事も4カ月と続かなかった（しかも3社連続で！）。しかし、**自分の中では常に心がわくわくするかそうでないかの直感**に従い、沢山の「ゼロからのチャレンジと失敗」を続けたからこそ、この出会いがあったのだと思っています。**最初から用意された「イチ」に身を**

任せていたら、この転機はもっと遅かった、もしかすると一生来なかったかもしれません。

日本スポーツビジョンの採用面接で当時の人事部長に言われた言葉はいまも覚えています。「君の履歴書は汚れてるなあ（笑）。でも、内容は素晴らしいねえ。こんなに具体的なことを書いてきた人は初めてだ」

ちょうどその頃、高原直泰選手がドイツのハンブルガーＳＶに移籍したばかりで、小野伸二選手はフェイエノールト、中田英寿選手もローマで活躍していたこともあり、僕はエントリーシートに「今後も日本人がどんどん海外進出していくのは間違いない、日本でも欧州サッカーのマーケットが広がり、大きなビジネスチャンスになる」という内容を書いていました。実際、先日行われたアジアカップの決勝戦の日本代表のスタメン全員が海外組であったように、２０１９年現在、日本における欧州サッカー関連事業は拡大の一途をたどり、サッカーマーケットそのものが右肩あがりに成長しています。こうして僕はサッカーの世界にカムバックし、サッカービジネスを生業としての第一歩を踏み出しました。このとき27歳でした。

2章

バルサとの出会い
人生最大の幸運の一つだった、
会社の倒産

入社していきなり「バルサ」の担当に！

僕が入社した日本スポーツビジョン（以下ＪＳＶ）は、当時五つの海外サッカークラブのマスターライセンスを持っており、欧州サッカーのオフィシャルショップを経営していた会社でした。現在は存在していない会社なのですが、ＪＳＶが運営していたお台場のグランドームという欧州サッカーオフィシャルショップを聞けば、長年のサッカーファンはピンとくるかもしれません。

いまでは考えられない事業形態ですが、当時ＪＳＶはイタリアのＡＣミラン、インテル、ユヴェントス、スペインのＦＣバルセロナ、イングランドのマンチェスター・ユナイテッド、ドイツのハンブルガーＳＶ、オランダのフェイエノールトといった強豪クラブのライセンスを所持していました。また、サッカー以外にもアメリカの野球（ＭＬＢ）、バスケットボール（ＮＢＡ）、アメリカンフットボール（ＮＦＬ）、プロレス（ＷＷＥ）などの主要なスポーツの日本におけるグッズ販売の権利を所有していました。さらに日本全国に約25店舗のグッズショップを展開していました。

僕が最初に配属されたのはライセンス・マーケティング部という部署でした。仕事内容を簡単に説明すると、「海外のクラブから取得したマーチャンダイジング・ライセンスを管理する」というものです。最初に担当したのは、僕が入社した2カ月後にオープン予定となっていた、「FCBOTIGA」というFCバルセロナのオフィシャルショップでした。ここからFCバルセロナとの、長い長いお付き合いが始まることになります。

このプロジェクトでの主な仕事は、利用ライセンスの「承認作業」でした。例えば、オフィシャルショップでロゴ（エンブレム）などを使いたい場合、その使用するすべてのものに対して「アプルーバル（approval）」という、ライセンサー（ライセンス元）、つまりFCバルセロナの承認を取らなければなりません。僕がやるのは、各部署から回ってくるものに関して、FCバルセロナとやりとりをして許可を取っていくというものでした。

しかしプロジェクトの状況には大きな問題があり、オープン日が8月29日と決まっているにも関わらず、僕が入社した7月21日の時点で、ショッピングバッグや内装、店員ユニフォームなど、バルセロナ側の承認がほとんど取れてないという目も当てられない状況だったのです。いま考えてもゾッとします。社内にはスペイン語、イタリア語を話せる社員が一人もおらず、英語でやりとりをしていたため、スムーズにやりとりが進んでいなかったのです。さらに欧州のサッカーを知っている社員も皆無で、欧州各国のリーグのシーズンがいつ始まり、マーケットがいつクローズするかといった基本的なこともわかっていないという状況。言ってしまえば、サッカーの常識からするとトンチンカンなことばかりやってしまっていました。これもいまでは信じられないことですが。

また、英語で書かれているあらゆる文書を日本語訳にし、社長に毎日提出するということが決まっていて、その翻訳の〝てにをは〟が間違っていると社長から大目玉を食らうという、わけのわからないことが普通に起こっている不思議な企業でした。

僕は小売業やライセンス・ビジネスについてはまったくの無知でした。ライセンス承認作業の経験などもちろんありません。実は担当してしばらく、自分が何のためにバルセロナの承認を取っているのかもよくわかっていませんでした（笑）。しかし、仕事自体はショップの内装やロゴバッグのデザインを社内からあげてもらい、それをバルサに提出して承認をもらう、あるいは修正ポイントや返答をもらったら社内に展開して対応するという、そこまで難しい仕事ではありませんでした。また何よりサッカーの知識だけはあったので、スムーズに仕事を始めることができました。

当時の社内の状況もあって、入社1年目にも関わらず僕がこの仕事を担当したのも、当然の流れだったように思います。結果、1年目から海外出張や、他部署がやりとりをしているスペインの企業から回答がなかったときに電話をしたり、商品調達の出張にも駆り出されるようになります。バルセロナの担当者からも「(サッカーを普通に知っている)普通の人が現れた」ということで信頼を得られ、よりスムーズに仕事が進むようになりました。

FCバルセロナとは?

ここで、FCバルセロナについて簡単に説明しておきます。すでに知っている人はさくっと読み飛ばしてください。

正式名称「Futbol Club Barcelona」。スペイン北東部カタルーニャ自治州の州都であり、国内2番目の都市・バルセロナを本拠地とするクラブです。1899年にスイス人の実業家ジョアン・ガンペールにより創設。愛称はカタルーニャ語の省略形で「バルサ(Barça)」や、クラブカラーの青と臙脂《えんじ》を意味する「ブラウグラナ（Blau Grana）」と呼ばれています。ホームスタジアムのカンプ・ノウ（Camp Nou）スタジアムは、約10万人を収容する欧州最大規模のスタジアム。

ラリーガ1部に所属し、２０１７年―２０１８年シーズンまでにリーグ優勝25回、国王杯優勝30回、ＵＥＦＡチャンピオンズリーグ優勝5回、クラブワールドカップ優勝３回を誇る、まさに世界的なビッグクラブです。

２０１７年―２０１８年シーズンからグローバルトップスポンサーとして楽天と契約。また、２０２２年のカンプ・ノウスタジアムの改修工事は日本の企業である日建設計が行うことが決定するなど、近年は日本市場の開拓に非常に力を入れています。

カタルーニャ自治州は9世紀末から地域的に独立してきた歴史的、文化的背景があり、首都マドリードを本拠地とするレアル・マドリードとFCバルセロナは永遠のライバル関係にあります。レアル・マドリードとのダービーマッチは「エル・クラシコ（El Clásico）＝伝統の一戦」と呼ばれ、国内のみならず世界中で注目されるビッグカードです。

クラブのモットーは、「クラブ以上の存在」を意味する「Més Que Un Club」。「バルサ、バルサ、バルサ！」のフレーズで有名な公式応援歌「イムノ（Himno）」を歌えないバルセロナ人はいないと言われるほど、街のシンボル的存在となっています。

また、サッカー部門以外にもさまざまなスポーツ部門を持ち、プロスポーツ部門ではバスケットボール、ハンドボール、ローラーホッケー、フットサルがあり、アマチュア部門にはバレーボール、アイスホッケーやラグビーなど、計14のスポーツ部門があります。

バルサという総合スポーツクラブは、〝ソシオ（Socio）〟と呼ばれる公式ファンクラブ（厳密にはファンクラブではありません）のメンバーによって運営されており、現在世界で14万人を超える人々が登録しています。

「石切場」から転じた「下部組織」を意味する〝カンテラ（cantera）〟という育成部門が注目され、近年ではメッシをはじめ、ピケ、ブスケツ、現在ヴィッセル神戸でプレーするイニエスタといったスター選手もカンテラ出身です。

ライセンス・ビジネスとは？

ここでライセンス・ビジネスについても説明しておきます。

ライセンス・ビジネスとは、日本語で「商品化権許諾業」と訳すことができます。つまり、著作物や商標を使用して商品化する権利を使用したビジネスということになります。わかりやすく言い換えると、『ハローキティ』や『ドラえもん』といったキャラクターや有名な海外ブランドなどを使用した商品を製造し販売するビジネスになります。

そういったビジネスを行う権利を〝商品化権〟と言います。著作物として扱われるキャラクターなどであれば著作権の中に含まれている複製権、また商標権の確立したブランドなどであれば商標の使用権が、この商品化権にあたります。

僕が担当したバルサの場合、当時のＪＳＶは〝マスターライセンス〟といって、日本におけるブランドの包括的な独占的使用権のライセンスを持っていました。このマスターライセンスというのは、日本において自由にクラブ名やロゴ（エンブレム）を使った商品を作ることができ、サブライセンスとしてその権利を他の会社に売ることもできる大変強力な権利です。ＪＳＶはマスターライセンスの中に含まれる「オフィシャルショップ運営の権利」を使用して、オフィシャルショップを立ち上げる準備をしていました。

ただ、クラブのロゴ（エンブレム）を使用した商品やショップのデザインを決めるにはすべてクラブ側の許可（承認）が必要です。その際に用意されるのが〝スタイルガイド〟です。エンブレムの色やデザイン、反転して使用できるパターン、クラブ名のフォントなど、クラブのイメージを守り、ブランドをコントロールするためのガイドブックが用意されています。バルサはこのスタイルガイドに沿った運用をしているかどうかをすべてチェックします。

例えば、２００４年当時は、グッズやアパレル商品のデザインに少しでも白を使用されたものには、すべてＮＧが出ていました（今では白くても全然問題なくなりました）。白はバルセロナの最大のライバルであるレアル・マドリードのホームカラーだからです。〝白い巨人〟と称されるレアル・マドリードの色は、決して使ってはならぬという固い掟がありました。

また、商品化に際しても、バルサの選手の肖像を使用して商品化する場合は「必ず３選手以上の肖像を同時に使用しなければならない」などの制約がありました。これは特定選手の商品だけを製作すると、クラブではなく個人の肖像権に引っ掛かるためです。クラブとチームは個人の肖像権の割合に関しても契約で取り決めています。

現在のバルサではクラブとして、ユニフォームなどを着た選手の肖像を使う時は、５人以上を同時使用することでクリアできます。

バルサの組織に対する、並々ならぬ忠誠心

企業の理念やイメージをデザインやメッセージでわかりやすく表現する戦略をＣＩ（コーポレート・アイデンティティ）と呼びます。スポーツでいえばＣＩ（クラブ・アイデンティティ）と言い換えることもできるでしょう。視覚的な戦略のみならず、「ＦＣバルセロナであること」という根本的なクラブ・アイデンティティは、他のサッカークラブ以上に大きな意味を持っています。そしてＦＣバルセロナで働くスタッフたちも、「クラブ以上の存在」という理念をもつこのサッカークラブに、「いち仕事」では収まらない、並々ならぬ忠誠心を持っています。

ＦＣバルセロナで働く人たちは、自分たちの仕事は人生そのものだと思っています。「自分がもっとバルサを良くする」という強い意志を、バルサのスタッフは例外なく持っていると、長年ともに仕事をしてきて感じます。大きな組織ですので権力闘争などももちろんありますが、私腹を肥やすというよりも、「俺の派閥ならもっといいバルサになる」「自分が愛するクラブを良くし

たい」という思いが前提にあります。また、派閥争いに敗れ、バルサをクビになった人間が、どれだけバルサの中の人間のことを糞みそに罵っても、バルサが勝つとやっぱり、「ビスカ・バルサ！（〝バルサ万歳！〟のカタルーニャ語）」といって乾杯するのです。

カタルーニャの人たちにとってFCバルセロナは自分たちとイコールで、カタルーニャという地域のアイデンティティーだと思っています。例えば、泥棒やスリが多いバルセロナで財布を盗まれても、バルサのソシオカード（会員証）だけは戻ってくるという話があります。盗んだ犯人も「これには手を出せない」と思うのでしょう。つまりFCバルセロナとは、宗教であり、国のようなものなのです。実際にバルサの会長もソシオメンバーの投票で決まるので、あながち間違いではないと思います。

昨今、一つの会社や組織のために自分を捧げるという考え方は、日本社会においてですら古い考え方になりつつあります。会社に限った話ではなく、日本という国や組織そのものに対しても自分を捧げようという人は少ないと思います。ですが、バルサとカタルーニャはそうではありません。時代の流れと逆行しているようにも見えますが、それがFCバルセロナであり、僕が彼らと仕事をしていて感じる、このクラブの一番の強みではないかと思います。**自分のアイデンティティー**

そのものともいえる組織に忠誠を誓うというのは、給料などの待遇でどうにかできるものではないからです。

ビジネスは〝グレーゾーン〟を攻めろ！

初めて担当したバルサとの承認作業において学んだことが、「グレーゾーンを攻める」ということです。グレーゾーンというとすこし過激に聞こえるかもしれませんが、**決まっていないことに対して、どれだけ自分のやりたい事の領域を広げられるか、またそのために相手を納得させられるか**が、仕事に〝プラスアルファ〟を生む秘訣です。

バルサのオフィシャルショップオープンに向けて動いていた15年前は、サッカークラブの海外、とりわけアジアのマーケットに進出するためのノウハウや下地はバルサにはほとんどありませんでした。そういった背景もあり、スタイルガイドなどのクラブ側のＣＩの取り決めも、比較的ゆるく、決まっていないことも多くありました（いまではかなり細かく指定されています）。

ここで、この承認作業における〝グレーゾーン〟というものが多く出てきます。スタイルガイドぎりぎりのデザインだけではなく、スタイルガイドから少し離れたデザインであっても、場合によっては承認が取れる可能性があります。

ここでスポーツメーカーとクラブとの契約について、アーセナルFCの例で説明します。通常、スポーツメーカーは、アーセナルとスポンサー契約を結ぶ際、エキップメントと呼ばれるアスリートに最高なパフォーマンスを提供するための最上位ウェア（ユニフォーム、プラクティスシャツ、パンツ、ソックス、ジャージなど、そのメーカーが製造を希望する商品）の製造、流通、販売を入れた形で契約します。もちろん、アーセナルのエンブレムをつけたあらゆる商品を製造できるような契約をしたいところですが、そうするとスポンサーフィーがあがりますし、例えば、自社で作るメリットがない商品もたくさんでてきます。そのため、一般的にはユニフォームやジャージなどのスポーツアパレルを除く、すべての商品については、クラブそのものがロゴ（エンブレム）を利用した商品化をします。そのため、もし日本の会社がアーセナルと日本をテリトリーとした、グッズ製造、販売のライセンス契約を締結したい場合は、契約締結先はアーセナルとなり、契約後、商品を製造する際の承認については当然アーセナルに申請します。

一方でバルサは、エキップメント以外の商品をすべて、ナイキと設立した合弁会社、「FCB MERCHANDSISING S.L.」（以下FCBM）で管理していました（当時は、ユベントス、マンチェスター・ユナイテッド、パリ・サンジェルマンの4チームがナイキと合弁でマーチャンダイジング会社を作っていた)。つまり、ナイキのロゴが入らず、バルサのロゴ(エンブレム)のみが入ったあらゆる商品を製造、流通、販売する権利をこの合弁会社で管理していたのです。ナイキにとってみると、一番儲かる商品はユニフォームではありますが、以下の理由(ほかにもあると思います)で、マス向けにバルサのロゴが付いた一般向けのアパレル(例えば、パジャマとか、トレーナーとか)を展開していたのです。

①スポーツショップ以外の売り場(例えばGMSやコンビニなど)で展開し、売上を最大化する。

②バルサロゴが入った商品を身に着けてもらうことで、ファンを増やし、ユニフォームの購買につなげる。

③市場調査。

そのため、バルサのロゴ(エンブレム)が入った一般向けの服(トレーナーとか)のデザインする時は、スポーツアパレルのマーケットを邪魔しないデザインにしなければ許可が下りません(エキップメントに似ているとエキップメントの売上に悪影響がでる)。例えば「この服のメインターゲットはあまりスポーツアパレルを買うような層ではないので、ちょっとスポーティーなデザイン(女性向けのTシャツとか)でも承認してくれないか」といった交渉をするのです。

このあたりが腕の見せ所で、人間は「**○○を進めていいか？」と聞かれると、チェックして粗**《あら》**探しをしがち**なのですが、聞かなければ、実際に現場で見たとしても、「ま、いっか」となるのです。

僕は、「これは聞かないと問題ありそうだな」と思うことについては、細かく聞いていましたが、バルサの基準からして問題ないかなと思うことや、「日本文化はこうだから」と説明すれば後から説明がつくものについては、承認を取らずに進めることもありました。クラブ側も、実際に現場でうまくまわっていれば、たとえ現場で見たとしても口出ししないということが多々ありました（商品化については、後から回収のリスクがあるので全て確認。ＰＯＰなどはその時だけなのであまり問題はない）。

一方で、「白い物」「カタルーニャのアイデンティティーを壊すもの」などについては、非常に厳しく、日本人には理解しがたいですが、例えば、バルサのショップの中にカタルーニャ旗ではなくスペイン国旗を置くなんてことをしたら、かなり怒られます。

バルサと仕事をする中で感じるのは、彼らが守るべき基準が明確にあり、そこの範囲内であれば、多少勝手に進めても全く問題がない、むしろそれを求めているのではないかということです。

2003年当時は、「勝手に進めても怒られないなあ」という程度で（バルサがそれを求めているということに気づきはじめたのは2017年頃だったのですが……）、このバルサの物事の動かし方は彼らのフットボールの哲学と実はシンクロしています。（後述）

いずれにしても、自分でも理由がよくわかっていないのですが、バルサとの仕事はスムーズに進み、「なんか、これ自分に向いてるかも」と感じていたのです。

国外初のバルサオフィシャルショップ開店——そしてバルサの無茶ぶり

僕ははじめて担当した承認作業をなんとか終え、2003年8月29日、グランドームにショップインショップという形で、バルセロナ以外では、世界初のバルサオフィシャルショップ「FC BOTIGA」がオープンしました。

当時、バルサは5シーズン連続でリーガ・エスパニョーラ（現ラリーガ）のタイトルを逃し、さらにこのシーズンはUEFAチャンピオンズリーグの出場を逃していたため、消費者のバルサへの興味という点で、僕も含めた会社の人間は売上についてはあまり自信がありませんでした。

FCBOTIGAのオープニングセレモニー

しかしオープン当日――。そんな僕たちの心配をよそに、バルサグッズがまだかなり珍しくて入手困難だったという背景もあり、金曜日の昼にもかかわらず店の前には長蛇の列ができたのです。初めて仕事として関わったショップにこれだけ人が集まっている光景を見て、感慨はひとしおでした。また、日本にはこんなにバルサファンがいるのかと驚きました。この発見は、のちのビジネス展開に大きく役立つことになります。

オフィシャルショップがオープンし、そこから間も無くしてバルサの幹部が視察に日本に訪れることになりました。来日するのは当時バルサの副会長だったマーク・イングラ（2010年に会長選挙に立候補したもののサンドロ・ロセイに敗戦）、マーケティング部長のエステベ・カルサーダ（現CEサバデル会長）、アイトール・ベギリスタイン（元浦和レッズで、チキの愛称。現マンチェスター・シティスポーツディレクター）、FCBM代表のラウール・サンジェイ（バルサのフットボールディレクターを経て、現アーセナルのフットボールディレクター）でした。スペイン語を話せる僕は、日本での彼らのアテンドや、インタビューなどの通訳を任されることになっていました。

しかし、ここでバルサから急な無茶振りの指令が下ります。バルサ幹部の来日3、4日前になって急に、「せっかくチキが行くんだから、何かイベントをやってよ」という依頼がきたのです。今となればもう慣れたものですが、バルサはこういった突然無茶を言い出すことが本当によくあります。

「これぐらいの日にいくから！」とだけ告げられますが、それからしばらく連絡がないのでこちらは予定を入れて良いのかどうかもわからない。すると急に「この日程でいくからスケジュール組んでね！　よろしく！」という具合に、こちらの都合はお構いなしで勝手に日程が決まります。予定のリスケジュールやキャンセルも数知れず、バルサの仕事が三つくらい（同じ日に）重なることもあります。

２０１５年のクラブワールドカップ（以下ＣＷＣ）の時は、代理人、カンテラ部門の担当、スクール部門の担当が別々に同じ日に来て、それぞれ対応しなければならないということもありました。このチキのイベントの時には運営マニュアルなども一切なく、いま思えば、これが僕がバルサとの仕事で経験した「はじめての無茶振り」でした。過去最強の無茶ぶりは、2011のCWCのバルサ公開練習時のスタンドにいた僕に、ピッチレベルから「浜田さん、観客みんなにイムノ（バルサ公式応援歌）歌わせてよ！」なんていう指令もありました（笑）。

この無茶振りを受けて、チキのサイン会をやることになりましたが、開催時間は平日の夜で場所もお台場と、普通に考えてお客さんが来る可能性はかなり低かったのです。おまけに告知時間も予算もゼロだったため、雑誌やスポーツ紙で宣伝することもできませんでした。しかし、このプロジェクトは多くの人にとって重要なものでした。

オフィシャルショップはスペインに1店舗だけで国外では日本が初めて。バルサにとっても海外マーケティングへの今後の重要な参考材料でした。今でこそバルサは説明不要のビッグクラブですが、当時タイトルからも遠ざかっていましたし、日本では一般層が認知するほどの存在ではありませんでした。

また当時メインスポンサーであるナイキの契約更新に向けての交渉が開始されるタイミングでもあったため、マーチャンダイジングを請け負うナイキとしては、バルサの幹部に対してナイキのプレゼンスをあげる絶好のチャンスでした。バルサのブランドを世界中で向上できればさらに良い契約ができるので、ナイキにとっても大きなプロジェクトだったのです。さらに、バルサの承認担当でやりとりしていたインゴの上司、前述のラウール・サンジェイも来日したのですが、彼にしてみれば日本でのイベントが成功すれば、バルサの幹部に対してのアピールにもなります。

そういった人たちを失望させたくない……という切実な思いからひねり出したのが、以前からよく見ていた日本のファンサイトに協力してもらうというアイデアでした。個人運営ながら、当時いくつかのバルサのファンサイトがあり、最も有名な「ブラウグラナ（BLAUGRANA）」と、「アスールグラナダイジェスト」というバルサのファンサイトがあったのですが、そこの運営者にイベントの告知をして欲しいとお願いしたのです。それが功を奏し、当日、蓋を開けてみると、なんと約３００人ものファンが集まりました。僕はもちろん心の中でガッツポーズ。バルサの幹部たちも「ムイ・ビエン！（Muy Bien）すばらしい！」と大満足していました。僕も、日本のバルサファンの可能性に確信めいたものを感じることができました。

同時に、この時に出会ったラウールらと鉄板焼を食べに行ったり、濃密な時間を過ごしたことで、バルサの人たちと親しくなることができたのです。何かやりとりをする際も「ミツルの言うことなら」と信頼を築くことができ、今後バルサと仕事をするうえでの大きな財産となりました。ラウールは今でも会うと、「あの神戸牛うまかったなー」といいます。実は山形牛なんですけど(笑)。

入社3カ月で会社が買収される

僕が入社した2003年7月頃には、実はJSVは経営が行き詰まっていて、同年の10月には突然、幻冬舎に買収されることが決まりました。社長は解任され、新社長が就任、取締役クラスも刷新され、さらに追い討ちをかけるように、社員の4分の1がリストラされることが発表されました。幸い僕はリストラの対象にはならなかったのですが、「次で最後の会社にする！」と決意して入社していただけに、入社3カ月でのこの出来事には唖然としました。

僕も会社の状態がよくないことは入社して何となく気づき始めてはいました。給料の安さもさることながら、とにかく無駄な会議が多く（その会議も誰も聞いていない）、また、社長が店舗での欠品に対して酷く怒るため、欠品を恐れるが故に過剰に発注してしまい、在庫が何十億と残っていたのです。さらに、マンチェスター・ユナイテッドでプレーしていたベッカムの商品をありえない個数を作っていたのですが、２００３年の夏にレアル・マドリードに移籍してしまったのです。その後、ベッカムの不良在庫があふれたことにより、売れない商品の50％以上の割引は当たり前で、セールをやりすぎたせいもあって、定価で物が売れない状況でした。さらに２００名強の企業が社長の決裁なしでは何一つ仕事が進まない状況だったのです。承認作業などのバルサとのやりとりも、メールの文面など逐一社長に見せなければならず、社員も社長に萎縮して顔色を伺ってしまっていました。

僕はというと、会社が倒れていくさまを目の当たりにしながらも、仕事内容そのものは楽しく、生活は苦しいながらも転職しようとか、そういった考えは全くありませんでした。

バルサと僕を繋げた大空翼

会社は厳しい状況ながら、スポーツにおける主要なライセンスをほとんど持っていました。僕は２００３年の10月からは各クラブのマーケティングプランを作成する仕事を担当し、サブライセンスの営業にも携わるようになりました。そのおかげで様々な仕事に携わることができ、「人に話してわかってもらえるレベルでの実績を積む」という点で、多くのチャンスに恵まれました。

バルサのオフィシャルショップのプロジェクトで社内でも徐々に認められるようになり、仕事の依頼も増えて企画の提案もしやすい環境になっていました。そんなとき、当時の上司が「『キャプテン翼』の主人公の翼君を実際にＦＣバルセロナでプレーさせたらグッズが売れるのでは」という企画を発案したのです。

現在もグランドジャンプ（集英社）で連載している人気サッカー漫画の『キャプテン翼』は当時ヤングジャンプ（集英社）で連載しており、主人公の翼君は、作中ではバルサでプレーしていました。しかし、正式にクラブ側に許可を取っていたわけではないので、出てくるクラブ名は「ＦＣバルセロナ」ではなく「バルセロナ」、選手名もリバウールやライカール、パジョル、シャビといった実在の選手を少しもじった架空の名前になっていました。そこで上司は、「翼君がプレーするバルセロナの名前を、ＦＣバルセロナへとオフィシャル化させ、ＦＣバルセロナへ完全移籍するという形でプロモーションできないかな」と企画したのです。

そのプロジェクトは、『キャプテン翼』で使用する「バルセロナ」というクラブ名を「ＦＣバルセロナ」という名前にできるようにバルサに交渉をするコーディネイトを行うというもの。同時に翼君の肖像を使用したバルサとのコラボ商品の販売も計画していました。

この提案に集英社側は最初難色を示しました。というのも、『キャプテン翼』内で使っている「バルセロナ」というチームは誰がどうみても「ＦＣバルセロナ」のユニフォームを着ていて、選手もスタジアムもリアルなものとリンクしているのは明らかだったからです。もし、バルサ側が「勝手に使っていたのなら、その分のロイヤリティーをさかのぼって払ってください」と言ってきたら、莫大なロイヤリティーを集英社側は支払わなければならず、バルサにこの企画を提案することは藪蛇になる可能性もあったためです。

上司は「公式にクラブ側に認められればバルサにとっても集英社にとってもプラスになる。集英社には絶対迷惑を掛けないから」と交渉して集英社側の許諾をどうにか取りつけ、作者の高橋陽一先生にも快諾いただいたのでした。

一方バルサはというと、この話を伝えるやいなや、「すごくおもしろい！」と二つ返事でＯＫが出ました（逆に「レアルには移籍させないでね」というやりとりもありました〈笑〉）。

というのも、『キャプテン翼』のアニメは世界中で放送され、ジダンやデルピエロなど世界のトッププレーヤーにも大きな影響を与えるほど世界中で抜群の人気を誇っていました。スペインでも『オリベル・イ・ベンジ（Oliver y Benji ＝翼と若林）』というタイトルで、誰もが知っているアニメだったのです。また当時のバルサは低迷期の真っ只中。リーグ戦で連敗が続く中で明るいニュースが欲しかったという背景もあったようです。最終的に翼君の移籍企画はものすごい反響を呼ぶことになりました。

というのもバルサ側からの提案で、翼くんの入団会見を行うことになったのです。２００４

右・ラポルタ会長と高橋先生のツーショット。ヤングジャンプの巻頭カラーでも紹介された
左・バルセロナで高橋先生の通訳も務めた著者。写真はサビオラとの面会

年２月、高橋陽一先生をバルセロナに招待し、ジョアン・ラポルタ会長（当時）の部屋で実際の選手さながらに、高橋先生に「２＋８ＴＳＵＢＡＳＡ」と入ったバルサのユニフォームを渡し、握手を交わすといったものでした。選手時代のルイス・エンリケ、モッタ、サビオラ、ライカールト監督にもインタビューを行うことができ、高橋先生が書き下ろしたバルサのユニフォームを着た翼くんのイラストは、カンプ・ノウに隣接する博物館に寄贈してもらいました。

すると翌日の現地のムンド・デポルティーボやスポルトといった新聞で、一面にラポルタ会長と高橋先生が握手している写真と、先生が書き下ろした翼君のイラストが掲載されたのです。日本でもヤングジャンプの巻頭カラーで紹介されると同時に、「翼×ＦＣバルセロナコラボグッズ」が発売されました。権利の都合上日本限定販売ではありましたが、Ｔシャツやポストカード、ストラップといったグッズは大人気商品となりました。また２００４年にバルサが来日してジュビロ磐田と試合をすることになっていたので、来日記念特別読切として翼くんのバルサと岬くんが所属するジュビロが試合をして現実と重ね合わせるなどの企画も行われました。

この企画が現地で相当な話題となったおかげで、バルサの幹部にも僕の名前を覚えてもらうことができ、個人でも話ができるようになりました。バルサからも「今後もいろいろ提案してね」という言葉を得られ、こういう関係性を築けたからこそ、のちの新しい事業にも繋げることができました。また、一つの大きなプロジェクトを形にするプロセスやスキルを企画考案者である当時の上司（今は西武でボールパークを作る仕事をしています）から学ぶことができ、大きな達成感を得ることができました。なにより、子供の頃にサッカーを始めたきっかけである、『キャプテン翼』の歴史的な出来事に当事者として立ち会えたことが何よりも嬉しかったです。

現場での判断スピードがなければ、世界のビジネスにはついていけない

サッカーに詳しい方なら周知の事実ですが、ピッチ上のバルサのサッカーは明確なゲームモデ

ル（サッカーの４つの局面「攻撃」「攻撃→守備」「守備→攻撃」「守備」においてどういう戦い方をするか……例えば、バルサであれば、攻撃時は幅と深さを最大限とり、ボールをできる限り長い時間保持し、イニシアティブをとるなど）があり、それぞれのポジションの選手の役割が明確に決められています。

また２０１７―２０１８年シーズンまでバルサのメソッド部門責任者であったジョアン・ビラ氏はバルサのサッカーを「Organizacón desorganizada」（オーガナイズされていないオーガナイズ）と評しています。説明すると、**ゲームモデルをベースにそれぞれの場所に選手が配置されているならば、最終目的であるゴールに至る道筋は問わず、選手がそれぞれの状況において、即興で判断をする**ということです。そのため、選手が意図的にバランスを崩して、カオスを作り出し、次の瞬間元に戻すというようなことをやります。そうしないと相手に読まれてしまい、崩せなくなるからです。つまり、カオスだけれども、単なるカオスではなくオーガナイズされたカオスであると。現代サッカーの中ではこういったプレーはポジショナルプレーと呼ばれていますが、その**カオスをオーガナイズするためには選手の瞬時の判断スピードが非常に大切**になってきます。

僕はバルサと仕事をして、15年目になりますが、このバルサのゲームモデルおよびポジショナルプレーが彼らの仕事の仕方そのものだと気づいたのは最近です。ビジネスに例えるとゲームモデルとは企業理念や行動指針のようなものですが、バルサのスタッフは自分たちのゲームモデルに沿って、ポジショナルプレーが行われていれば、かなり独自の判断で勝手に進めていきます。そのバルサイズムのことをよく知らず、当時の僕は必死にバルサのやり方に食らいついていました。

そのため、オフィシャルショップオープンに向けて動いていた際に、難しいと感じたのはバルサよりも社内の調整や認識の違いだったりもしました。僕はバルサの要望もあり、仕事を進めるにあたって、彼らの要求に自分の現場判断でポンポンと決めることが多かったのですが、社内ではそれがすごく自分勝手に映ったようです。イベントは大盛況、バルサの人たちは大喜びだった一方で、「勝手すぎるよ！」と周りの社員の方々は怒っていました。

ただ、今になってわかるのですが、実はバルサとの仕事がうまくいったのは、当時の僕のやり方がバルサの仕事の仕方そのものだったからです。一方で、当時のＪＳＶとしては「お金をかけるな」だったため、イベントに人がたくさん集まり、グッズがたくさん売れ、さらに追加予算がかからないのであれば何の問題もなかったのです。

ただ、僕の仕事の仕方は、日本の会社では恐らく同僚に総スカンを食うやり方で、僕の仕事の仕方であれば、最終的には自分で起業するしかうまくやっていけなかったかなと思います。そうこうするうちに、スティーブ・ジョブズ的に言うと、ＪＩＣＡに落ちたことと同じぐらいの「人生で最大の幸運」、自分が勤めていた会社が消滅するということが起こります。

会社が民事再生法適用に……

『キャプテン翼』とバルサのコラボ企画を無事終えたこともあり、その時に関わった他部署の人たちの中で僕がスペイン語を話せることがかなり伝わり、他部署の手伝いなどで欧州各国に出張へ出掛けるチャンスなどが巡ってくるようになってきました。ＪＳＶに入社して、8カ月、ユーロ２００４の商材調達交渉のためにイタリア、フランス、スペイン、ポルトガルへの出張が終わり、会社に出社した日のことです。何だかいつもと会社の様子が違うことに気づいたのですが、どうも社内がソワソワしています。すると、僕が何も知らないことに気づいた同僚から声をかけられました。

「え、ハマ、もしかして知らなかったの？」

「何が？」

「うちの会社、民事再生するらしいよ。15時にリリースが出るみたい」

「ウソ!?　全然知らなかった……」

民事再生法が適用される当日までその事実を知らなかった僕は、またしてもこの突然な出来事に唖然としてしまうのです。

民事再生法が適用されると、スポンサー探しと、デューデリジェンスが必要なため、すべての新規事業、営業活動が禁止され、店舗での販売以外は、会社に行っても何もできず、とにかく会社の方針は、身売り先が決まるまでは時間を潰しなさいというものでした。転職活動をする同僚もいれば、「みんなで会社を立ち上げようぜ！」みたいな話が部署内でもあがったりしていました。

僕はというと、入社して8カ月。28歳で6社目の会社に転職するのもどうかなと思っていました。それなりに刺激のある生活を送っていたので関西に戻るつもりもありませんでしたし、何より、せっかく築いたバルサの人たちとの関係が、違う業界に行くことでなくなってしまうのは、勿体無いと感じていました。

一方で、社長はおろか、小学生時代から、班長、学級委員、キャプテンなど、誰かの上で何かを仕切るというありとあらゆる立場に全く縁がなかった自分が起業するということについては、かなりの恐怖心もありました。しかしながら、「バルサとまた何か一緒にやりたい」という自分の気持ちは非常に強く、転職か、自分でビジネスを起こすか揺れ動く気持ちの中で、「**このタイミングで起業しなければもう二度とチャンスはない、逃げたらあかんやろ**」という結論に達したのでした。

3章

バルサに事業計画書提出
日本人をバルサのソシオに

年商914億円——世界的大企業としてのバルセロナ

日本においてバルサは、サッカーにそこまで関心の高くない一般層でもその名を知るほどに、圧倒的な知名度と人気を誇ります。しかも日本ではまだそれでも知られていない方で、世界での認知度はさらに上を行きます。インターネットの発展やメディア環境の変化もあり、バルサの試合は十数年前とは比較にならないほどの規模で世界から注目を集めます。

発展途上国の小さな村にすらメッシのユニフォームを着た少年がいますし、世界中の都市でバルサのスター選手が起用された広告を見かけます。また、2018年シーズンからヴィッセル神戸に移籍したイニエスタ選手のインスタのフォロワーが2300万人ということを考えても、サッカーファンだけでなく企業にとってもバルセロナは喉から手が出るほど起用したい広告塔なのです。サッカービジネスの市場規模が爆発的に膨らむ時代の流れとともに、今ではバルサの経済的な規模(バルサの2017—2018年の売上高は914億円)も世界的大企業のそれとなっています。

そんな桁違いの知名度と事業規模を誇るバルサですが、僕がサッカービジネスに関わりだした頃は、状況はまったく異なるもので、日本ではマス層に認知されるほど有名な存在ではありませんでした。また当時はサッカーがグローバルマーケットで拡大する黎明期でもありました。

2章でお話ししたバルサのオフィシャルショップも、当時はバルセロナのカンプノウに併設されている1店舗があるのみ。当然、国外のケースとしては日本が初めてでした。またライセンス利用の承認申請で重要となるスタイルガイドも今と比べるとかなりゆるいもので、グローバルなブランディング戦略の具体的なアイデアやノウハウも当時のバルサにはほとんどありませんでした。クラブがグローバル進出をしようと決断したばかりで、実績はゼロに近い状況ですから、日本のマーケットのことなんてなおさらわかるわけがありません。バルサを海外に拡げたいという思いはあるものの、どうしていいかバルサにもわからないという時代だったのです。

サッカー部分の状況をとっても、先にも述べた通り、僕がJSVに入社した2003年頃はバルサがリーグタイトルから遠ざかってから5シーズンが過ぎていました。ジダン、ロナウド、ベッカムなどを擁し「銀河系軍団」と呼ばれたレアルの後塵を拝しており、ヨーロッパでの大会も、チャンピオンズリーグではなくＵＥＦＡカップ（現在のＵＥＦＡヨーロッパリーグ）を戦っていました。言ってしまえば、当時のバルサは「落ち目の名門クラブ」だったのです。

クラブの財政状況を見ても多額の負債を抱えており、こういった状況から抜け出すためにバルサも変化を求められていた時代でした。そのため、クラブは当時のラポルタ会長の「これからバルサをグローバルに展開していくぞ」という意思のもと動いていましたし、スペイン以外の国々はバルサにとってブルーオーシャンで、「わからないけどとにかくやってみよう」という空気感が、このときのバルサにはありました。ライセンスビジネスも浸透しておらずマニュアルもなかったので、こちらの提案など柔軟に受け入れてくれる、ちょっとゆるい時代でもあったのです。僕のような個人の話でも、とにかくなんでも聞いてくれる環境でした。今でこそバルサは巨大クラブとなってしまいましたが、当時はトップクラブでありながら、スタッフはみな優しく、パートナー、ファミリーを大事にする牧歌的なビッグクラブという印象を持っていました。

そういった背景がある中で、僕はバルサへのタッチポイントを作り、日本のバルサファンコミュニティを最大化するファンサービスビジネス、「ソシオ」の受付代理店業を思いつきました。

ソシオ――FCバルセロナという国家を支える国民

ここでバルサの「ソシオ」について簡単に説明をしたいと思います。

バルサは、他のサッカークラブのようにオーナーやオーナー企業、経営者というものが存在しません。クラブは「ソシオ」と呼ばれる会員を募り、そのソシオの会費で運営されています（現在は売上高のほんの一部）。ソシオは誰にでもなることができ、現在約14万人のソシオ会員が世界中に存在します。またソシオは企業の「株主」のようにクラブに対して直接意見することができます。会員一人ひとりが良いクラブにしていくための手助けを行うことができるのです。さらにソシオになることで、さまざまな特典サービスを受けることができます。２００４年当時の特典をまとめると左記のようになります（現在はソシオの入会は制限されています）。

・ソシオカード、特製ピンバッチ、ディプロマ（ソシオ会員の証明書）などが入ったウェル

カムパックを贈呈
・FCバルセロナのサッカーやバスケットボールの試合がソシオの割引価格で観戦できる
・FCバルセロナBの試合が無料で観戦できる
・FCバルセロナの他のスポーツ（ハンドボール、ローラーホッケー、フットサルなど）の試合が無料で観戦できる
・FCバルセロナ博物館やスタジアムツアーを無料で利用できる
・Eメールニュースレターの配信、会報誌バルサマガジンの贈呈
・ウェブ上のソシオ向け特典を享受できる
・オフィシャルショップで、バルサグッズを割引価格で購入できる
・カンプ・ノウの貴賓席での試合観戦（リョッジャ・ウベルタ）などの各種抽選に参加できる（日本人も当選したことがあります！）
・子供のソシオ（15歳以下）には特別なプレゼントを用意
入会時に受け取るソシオ特製ピンバッチ（銅）の他にも、ソシオ歴が25年を超えると銀、50年を超えると金、75年を超えると輝く金色の特製ピンバッチが贈呈されます。

またソシオには別の役割があります。ソシオになると4年に1度行われるバルサの会長選挙へ投票する権利が得られ、年に1度開催される総会に現地へ赴けば参加することができる。つまりソシオはＦＣバルセロナというクラブ、言わば「国家」を支えている「国民」になるのです。ちなみにソシオの会員番号は、会員が亡くなった場合や途中で他の会員が退会した場合に番号が繰り上がっていきます。

ソシオの仲介業なんて面白そうじゃん！

前述のとおり、２００４年3月30日にＪＳＶの民事再生法適用のニュースが世に流れ、今後の経営の雲行きが怪しくなり、自分でビジネスを起こすか、転職するか悩んでいた際に僕に浮かんだアイデアが、この「ソシオ」でした。ＪＳＶでバルサのオフィシャルショップのマーケティングを担当しているとき、日本のバルサファンの潜在的なニーズを肌で感じていました。「店舗で何が売れているか」「顧客はどんな商品を欲しがっているか」などのリサーチを常に行っていたので、バルサにはコアなファンが多く、ソシオになりたいという人が思った以上に多いということに気づいたのです。実際に、ソシオになりたいという人の問い合わせがオフィシャルショップに月に何件かありました。

しかし、バルサの公式ＨＰにはソシオになるための申請の方法は記載されていますが、スペイン語や英語がわからないと手順など詳細を理解するのはなかなか難しいものがありましたし、また現地バルセロナのソシオ受付オフィスに直接出向く必要がありました。

そのため、日本人が、言語の問題なく、日本でソシオになれるというソシオ受付代理店はビジネスになるのではないかと思ったのです。当時はソシオの受付を海外で募集した前例もバルサになく、ビジネスとしてはマスに広がりにくいことも事実だったので、このアイデアをＪＳＶ社内では提案していませんでした。しかし自分で何かバルサとタッグを組んでビジネスをやれないかと考えた時に、僕個人としてのメリットは計り知れないと考えたのです。前述のとおり、民事再生法適用のため、社内では誰しもが転職活動などをしている状況で、社内でも話がしやすく、当時の上司に話したところ、「ソシオの仲介業なんておもしろそうじゃん！」と相談に乗ってくれ、本格的に動き出すことにしました。

そこで、日本でソシオの仲介業をはじめたらクラブ側にどんなメリットがあるかなどをまとめたビジネスプランを作ることにしました。

今の自分が見ると本当に稚拙なものですが、必要最低限のことは書けていたと思います。プランでは、代理店としてソシオを募集する窓口が必要でした。しかし、事務所を借りたり、広告を打つといった予算はありませんでした。そこで思い出したのがチキのサイン会でお世話になったファンサイト〝ブラウグラナ〟でした。

「FCバルセロナ側にソシオの仲介業の話を提案する際に、ブラウグラナに募集の窓口になってもらえないか」と打診しました。このサイトにはサイン会以来、イベントの度に告知を載せてもらっていました。サイト運営者のユウさんという方から「とりあえず神戸で話をしましょう」という話になり、早速神戸へと向かいました。

打ち合わせでは、バルセロナに4年住んでいたバルセロニスタ（バルサファン）のMさんも同席しました。事業計画書を作成してバルサと交渉すること、契約が取れたら最初は給料が払えないかもしれないが、一緒にやっていきましょうという話で合意しました。とはいっても、僕には日本のバルサファンのどれくらいの人がソシオになりたいのかという正確なデータがなく、自分としても確たる自信がありませんでした。リスクを避ける目的とバルサと交渉する際にデータがないと代理店の権利は取れないと思い、ブラウグラナのサイト上でアンケートを取ることにしました。

10日間ほどアンケートを取ったところ、なんと有効回答が2000強もあった上に、そのうち90％が「ソシオになってみたい！」という返答でした。さらに80％以上が、バルサグッズをサイト上で買えればいいなという反応がありました。このとき、これまで肌感覚的にもっていたソシオになりたいというニーズは確信に変わりました。また、この時点で、ソシオの受付窓口を行うサイトはバルサファンが集うため、そこでバルサグッズを販売すれば売れるのではないかと考えていました。

バルサの副会長から速攻でメールが！　人生最大のチャンス

ソシオに関するマーケット調査データも集まり募集窓口も決まると、僕はバルサに提案のメールを送りました。送った相手はバルサの副会長（当時）、マーク・イングラでした。これについては、前年にバルサのオフィシャルショップの視察で彼が来日した際にすでに知り合っていたとはいえ、まぁ無謀なことをしたものだと思います。しかし、役職が上の人間にコンタクトしたほうがいろいろと手っ取り早いですし、当時バルサの副会長というポジションの凄さもそこまで理解していませんでした（笑）。僕は「無視されたら諦めよう」と思い、所属していたＪＳＶが消滅すること、ＪＳＶとは別に個人で考えている事業があることを、名刺に書いてあった彼のメールアドレス宛にだめ元で連絡したのです。

驚くべきことに、メールはその日のうちにマーク・イングラから直接返ってきました。返答内容は、「君の話に興味がある。ソシオのトップに転送しておいたから、彼からの連絡を待ってくれ」というものでした。「ウソ……マジで……？」。そう思った僕の心情は想像に難くないと思います。

海外のトップクラブの副会長という立場の人間が、遠く離れた海外の、しかもいち個人のメールを見てその日のうちに別部門のトップを紹介してくれるということは、普通に考えてあり得ません。例えば、入社して1年経たない新入社員が自分でつくった事業プランを、トヨタのような大企業の社長がメール1本で反応して通してくれるでしょうか？　僕という人間をバルサの副会長が認識して信用してくれているということ、面白そうなことであれば分け隔てなくフラットに判断してくれること、そして何と言っても組織のトップのスピード感に、嬉しさ、驚き、そして不安の入り混じった感情が沸き起こり、「これは人生最大のチャンスだぞ！」と自分に言い聞かせたことを覚えています。そしてマーク・イングラの返信から間もなく、ソシオ部のトップであるパシ・ランキネンという人物からも連絡が届きます。「興味があるからすぐにバルセロナに来てくれ」という内容でした。

このバルサのスピード感は、もともと彼らの仕事の仕方にもよるところが大きいですが、前述した様な当時のクラブの背景も関係しています。バルセロナのオフィスの中では、２００３年にラポルタ会長が就任してから、バルサの売り上げの増加、ソシオ会員の倍増を強く推し進めていました。タイトルから遠ざかり、選手の給与はクラブの支出の70％以上を占め、赤字を垂れ流す状態が続く「三流クラブ」から、利益をしっかり上げ事業を健全に継続させる、いち「企業体」としての組織に変わり始めている時でした。約4万円ほどかかるソシオの入会金も撤廃して会員を拡大する路線で舵を取り、カタルーニャのみで大幅に増やすことは難しいので、国外でどうやって増やしていくかということをクラブも模索していたのです。

またパシとのミーティングで知ったのですが、僕の提案（5月）から数カ月後の7月末と8月にバルサが来日して鹿島アントラーズ、続いてジュビロ磐田とのプレシーズンマッチが決定しており、タイミング的に良い時期だったのです。バルサのマーケティング部としてはプレシーズンマッチでバルサファンで埋まった状態を作りたい。しかしバルサのグローバル戦略としてジャパンツアーを行う以外のアイデアや実績が彼らにはあまりなく、そもそもどれだけのファンが日本にいるのかクラブ側もわからない状態でした。今の様にFacebookなどもなく、クラブ自身がＳＮＳなどで国境を越えて発信するということもできませんでした。海外、しかもアジアの国のファンを自分たちで一気に集めるといったことは難しかったのです。そういった事情とタイミングが、僕の提案とうまくマッチしたのだと思います。

しかしこの時点でまだＪＳＶの仕事をフルタイムでこなしていました。事業計画書を作成してメールを送ったにもかかわらず、ソシオ受付代理店というサービスをやり遂げる自信と、独立して会社を設立してやっていくという確信がまだありませんでした。しかし、頭の中でこれは人生で最大のチャンスだということは十分わかっていました。

前述のとおり、ＪＳＶの仕事をフルタイムでこなしていた僕は、なんとか有給休暇の許可をもらいバルセロナに飛びました。現地のクラブハウスで初めて対面したパシは、きっちりとした性格のお堅い印象を受ける人でした。あとで聞いた話によると、人生で使ったお金をすべてエクセルにまとめるくらい几帳面な性格のようで、印象通りだったようです。

交渉のテーブルに着くと、驚くことに条件を含めたすべての内容がすでに書面に落とし込まれており、あとは僕がイエスというだけ、という状態でした。僕もプレゼンのために様々な準備をしたのですが、結局バルサ側がやりたいことをひたすら説明する、といった感じでした。

バルサ側が提示した契約の内容はかなり厳しいもので、**サービスの開始がミーティングから10日後、しかもサービス期間は2週間のみ**。**さらに、その期間で日本にソシオのマーケットが見込めないと判断した場合は契約延長もしない**という、マーケティングテスト的な要素が強いものでした。また、バルサとしては個人と契約することはできないため、テスト期間後に本契約する場合は必ず法人化するようにと言われます。このとき、場合によっては他の会社に就職し、副業としてソシオ事業を進めようという目論見はあっさり崩れ、ソシオ受付のテストサービスがうまくいった場合、ＪＳＶを辞めて独立することが決まりました。「ちょっと考えさせてください……」と悩んでいると相手に不安を与えるので、僕はその場で「了解しました！」と答えたのでした。

しかし、契約内容を聞いてどうにも難しいと感じたのがサービス開始のタイミングでした。バルサは本件に関してノリノリで、「ソシオの証明書をバルセロナから日本の会員の家に直接郵送する！」というアイデアも飛び出し、そこからバルサがターゲットとしていたジャパンツアー来日に間に合うように逆算すると、「あと10日でよろしく」という理屈でした。

しかし現実的に考えて、ソシオ希望者が入力するフォームに、住所、クレジットカードデータをはじめとするあらゆる個人情報を入力してもらった上でプリントアウトしてもらい、その紙に直筆のサインを記載したものと、証明写真、パスポート、住民票、運転免許証のいずれかのコピーを同封で送るプロセスの説明ページを構築し、10日間でサービス開始にこぎつけるのは不可能だと判断し、「サービス開始だけ3週間後にずらしてほしい」と相談したところ、パシは了承してくれたのです。今の自分なら当たり前のように交渉しますが、当時自分が置かれた状況でバルサに交渉をするのはかなりリスキーでしたが、なんとか話を聞いてスケジュールを変更してくれました。

また、ソシオの受付窓口にと決めていたファンサイトのブラウグラナは、バルサのオフィシャルなサイトではなく、勝手サイトだったため、バルサのロゴなども許可を得て使用していませんでした。「これは怒られるんじゃないか」ということが僕が最初に考えたことでしたが、怒られるどころかプラウグラナ内に作るソシオ受付のサービスページに限りオフィシャルとして扱ってくれたのです。当時日本語のバルサ公式ホームページすらない時代に一個人のファンサイトがオフィシャルな許可をバルサが出してくれたことも驚きでした。

地獄の3週間、ソシオの募集スタート

こうして帰国してからのサービス開始まで、まさに怒涛のような3週間を過ごしました。バルセロナに行った5月末からFCバルセロナジャパンツアーが終わる8月まで、間違いなく人生で一番多忙を極めた時期の一つです。

バルサは、ソシオ会員に送られるピンバッチや会員証が入った〝ヴェルカムパック〟をバルセロナからソシオ個人の自宅に現物で送り、さらに日本向けソシオ特典として7月末に始まるジャパンツアーの公式練習に、２００人を招待する計画をしていました。この時の僕はまだサラリーマン。それから地獄のような3週間が続きました。

朝7時半に起きて9時45分から会社に行き、19時半過ぎには帰宅。そこからソシオ受付オフィ

スの立ち上げ作業をしました。夜は毎日東京に住んでいる僕と姫路のユウさん、神戸での打ち合わせにも同席したMさんとでチャット会議をし、毎日深夜まで仕事をしていました。バルサからは国外で初めてソシオを募集するということで細かなチェックが入りました。自分でビジネスを立ち上げた経験がないために段取りが悪く、時間ばかりが掛かってしまいました……。

ギリギリの期限でやったことのないビジネスを、しかもバルサ相手に自分で立ち上げ、さらにバルサからの急な指示――バルサはあまり多くを説明せず、「これやっておいてね」とだけ言われるので、情報がなかなか出てこないのです。実はソシオウェルカムパックがいつ届き、それが本人の自宅に郵送されるとわかったのも、帰国してしばらくしてからでした――などの無茶振りもあり、毎日不安に駆られていました。

しかし、当時は「バルサと仕事ができる」という事実が嬉しくて、細かいことはまったく気になりま

ソシオ会員に贈られるピンバッチや会員証が入った「ウエルカムパック」

2004 ― 2005 年の
ソシオ受付フライヤー

せんでした。やりがいが何もかも上回っており、無茶振りとすら感じませんでした。いま思えば、こんな無茶な条件でよくやったなと自分でも関心します。

２００４年6月21日、いよいよサービス開始日を迎えました。正直、どれぐらいの人が会員になってくれるかはまったく見当がつかない中、深夜０時、ついにサービススタート！

すると、最初の入会者はなんと０時5分にありました。実は入力する項目が多かったので、どんなに早くても5分はかかるだろうと思っていたのでビックリしました。それからはマウスをクリックするたび、日本中からソシオ入会申し込みという件名のメールが届きました。

募集開始から1時間でなんと３００名ほどの応募がありました。先着２００名招待のソシオ限定のバルサ公開練習を見たい人も多かったのでしょう。また僕に対してのコミッションはあくまでもバルサが払うため、日本人は実質、追加支払いなしという形もよかったのだと思います。今でも当時の興奮は昨日のことのように思い出します。その後2週間で合計５０４人の申込みがありました。僕以上にバルサが「日本にはこんなにバルサのファンがいたのか！　すごい！」と驚きを隠せない様子でした。ソシオになるには当時年間135ユーロで、ソシオの契約1年目のみ「FCバルセロナは仲介手数料として25%を僕が立ち上げるだろう会社に支払う」という契約内容でした（支払いは、なぜか半年後でした）。

当時1ユーロは135円ほどで、この件だけで約230万円の粗利がありました。サイト構築代や送料、出張費、人件費などを引いて、約6割が僕の手元に残る計算でした。ソシオが継続する限り、2年目以降もバルサには毎年定期的にお金が入ってきます。スペインだろうが日本だろうが、バルサというクラブを運営する側にとってソシオが増えることは大きな意味を持っていたのです。

日本での親善試合後、当然、バルサは、そのまま日本のソシオ受付代理店として契約してくれるものだと思っていました。しかし、世界的なビッグクラブのバルサはそんなに甘くはありませんでした。「たまたま日本で親善試合があったから、ソシオが集まったのかも」とバルサは思ったようです。チームが日本を去った後、もう2週間、ソシオ入会のサービスを継続するということになりました。

すると、その2週間だけでさらに150人もの入会があり、ようやくバルサも腰を上げて「これは本物だ。日本でずっとソシオの募集をやろう。正式に契約を結びましょう」という話になりました。（2011年10月でサービス終了）

こうして、バルサと日本におけるソシオ受付代理店として契約でき、個人が運営しているサイトを信じてファンが応募してくれたこと、一個人を信用してくれたバルサのスタッフを裏切らなくて済んだこと、そして何より自分が立てた企画が受け入れられ、一つの仕事を完結できたことが大きな自信となりました。

そして、カメラ屋さんで働いていたブラウグラナのサイト運営者のユウさんには、この後、僕と一緒に正社員として働いてもらうことになりました。

将来のビジネスパートナーとの出会い、そして独立

ソシオの代理受付のテストサービスを開始した時期が人生で最も多忙を極めたのには、もう一つ理由があります。バルサのジャパンツアーを数週間後に控えた7月上旬ごろ、ＪＳＶで会社員として働いていた僕に、ある電話がかかってきます。ＪＳＶの商品部から転送された電話の主は、

「アメージング・ラボ（Amazing Lab）」という会社のマルコス・ディアスと名乗るスペイン人でした。

彼は開口一番いきなりスペイン語で、「この夏にバレンシアを日本に連れて行く予定だ。御社はお台場で欧州サッカークラブのショップを運営していると聞いた。どうにかして1日限定でバレンシアショップをやってほしい」と凄い勢いで捲し立てるのです。２００４年の夏にバルサと同じくリーガ・エスパニョーラ1部に所属するバレンシアは、鹿島アントラーズ、アルビレックス新潟との親善試合が決まっていました。バレンシアの日本遠征など、日本における興行の権利を日本のある企業が購入し運営していたのですが、その権利を売ったマッチエージェントがマルコスの所属するアメージング・ラボだったのです。

スタジアム以外での1日限定のショップで、かつあまりにも時間がないこと、在庫リスクが高すぎたこと、そもそも民事再生中であり、一切の仕入れができない状態であったこと、さらに選手を連れていくのでお金を払ってほしいという提案（こちらは断りました）、普通であればとても無理な案件でした。しかしソシオの代理受付が成功した直後だった僕は、バレンシアの話もなんとかなると勝手に考えて部長からＯＫをもらい、その後、他部署の説得に当たり、この件を担当したのです。

しかしながら、この後大問題が発生してしまいます。なんと、最終的に決定したお台場での1日限定のバレンシアショップのオープン日程と、前述した静岡のエコパで開催されるジュビロ対バルサの日本人ソシオ限定公開練習日が見事にバッティングしていたのです。

僕はバルサから公開練習の現場の仕切りを任されており、そちらには絶対に行かなければなりません。本当はサラリーマン最後の仕事として、お台場での仕事をきっちりとこなした上でJSVを辞めるというのが理想的でした。しかし、バルサの公開練習の仕切りに関しては、僕以外で現場担当を任せられる人はいません。非常に心苦しくはありましたが、バレンシアの案件はJSVの他の社員に託して、会社を去ることになりました。こうして28歳の夏に独立し、初めて自分の会社、有限会社ムンドアレグレ（スペイン語で「楽しい世界」）を立ち上げたのでした。

バルサイズム溢れる、強引で柔軟なミーティング術

バルサは、基本的に一旦方向性と目標を決めると、そこから一切ブレません。そのスタイルはいってしまえば強引で、自分たちが「こうする」と決めたら決してまげません。そしてそこから

進んでいくスピードもとても速く、周りはそのスピードに合わせるしかありません。

サッカーにも言えることですが、基本的に自分たちがどのようにプレーしたいかというゲームモデルがまず先にあり、あとはそのゲームモデルを実行するためにどうするかだけなのです。ビジネスでも彼らは**「こういう形に着地させる」という方針がすでにあり、その方針に沿って自分たちがやりたいことにハマるものだけ恐ろしいくらいのスピードで実行**します。それ以外のものには一切目もくれません。

一例をあげると、現在弊社が行なっているキャンプ事業（第5章に説明）の場合、まず、大枠として、バルサは２０２２年に10億ユーロ（約１２４７億円）の売上を欧州のサッカークラブとして最初に達成するというクラブでの目標があります。そして、その目標とするための強化指定マーケットは、インド、中国、アメリカ、そして日本となっています。そうすると、いま日本で拡大しているバルサキャンプは、彼らのプランに沿うものであるため、バルサとしてはどんどん増やしたいという意思があります（久保建英選手のような思わぬ原石の発掘もありますが）。しかし、タイのバンコクでバルサキャンプをやらないかという提案には一切乗ってきませんでした。

彼らとしてはキャンプの数をただ増やしたいわけではなく、拡張すると決めたマーケットだけしかみていないのです。つまり、自分たちの方向性にはまらないことに対しては取り付く島もありません。

ですから、日本のビジネスによくある顔合わせのミーティング、「とりあえず一度ご挨拶に伺って、何か一緒にやれることないか考えましょう……」といった具合には絶対になりません。まず、こちらには提案を求め、提案に興味があれば（自分たちの方向性と合っていれば）会うし、そうでなければ会いません。彼らは、**バルサの方向性と一致しない限り無駄な労力は最大限省きますし、非常に合理的で無駄のない仕事をします**。しかし一度彼らにハマれば強引なまでに巻き込まれていきます。彼らが呼び出して実際に会うときは、さらにスピードを速めるためなのです。そういった彼らの姿勢は僕がバルサの仕事の仕方から影響を受けている部分でもあります。

実際に会うということは自分と相手、双方の時間や経費などのリソース大きく割くことになります。その小さくない労力をお互い無駄にしてしまうのは自分にもメリットがありませんし、相手にも失礼になってしまうからです。バルサは世界中から案件が集まるので、一つひとつ会っていられないということもあるでしょう。

また会議一つを取ってもバルサらしさが出ます。バルセロナのミーティングはコーヒーを飲みながらゆったりとしたものも多いですが、特徴的なのは会議時間が驚くほど短いということです。大体の会議がいつも30分とかからず、決めることを決めたらすぐに終わってしまいます。僕も日本からわざわざ足を運んでいるので喋りたいことはまだあるのですが、「え、もう終わり？」といつも思ってしまいます。「さて、どうしましょうか……」とその場所で相談したり考えることはあまりせず、答えをすでに持ってきた状態で、情報を問うこと、それを元にしてどう動くかの意思決定を会議では行います。「一度社内に持ち帰って……」では話になりませんし、彼らにとって**会議とは議論の場ではなく、「合意の場」なのです**。僕もこのとき、バルサは「君の提案に興味がある」と言いつつも、バルセロナに呼んだ時点でほとんどやることが決まっているのだろうなと感じていました。ただ一方で、決めたくない時、つまり「担当者としてはやりたいんだけど、クラブの方向性からはずれていて、キープしておきたい」時は、わざとのらりくらりと決めません。こういったときは何を喋っても結論は出ないので諦めるのです（笑）。

目標を迅速に達成するために、彼らは「形式」をそこまで重視しません。例えば、このソシオの契約では、僕は実際には契約書にはサインをしていません。契約書を詰める時間がないから、先に動き出してくれという感じでした。毎回の契約でも、弊社とバルサはあまり契約書を細かく詰めて読みませんし、〝てにをは〟もあまり気にしません。重要な数字や要項だけ押さえ、残りの「余白」の部分でこちらが動く分には、彼らにメリットがありさえすれば問題ありませんし、「そんなことは契約書には書いてない」と揉めることはまずありません。

かなり強気で強引な気もするバルサですが、話の通じない相手では全くなく、ソシオ受付のサービス開始時期の条件変更や、アンオフィシャルなファンサイトを公認するなど、しかるべき根拠を持ってロジカルに説明すれば、それが彼らの大きな目標を達成できるのであればかなりフレキシブルに判断してくれます。

規則は目標を達成するスピードをあげるためにあるのであって、決してそれ自体を守るためにあるのではないことを、彼らはよく知っています。サッカーの試合もそうです。いくらゲームモデルがあろうとも、それは枠組みに過ぎず、プレーをするのは選手です。「試合に勝つ」という目標のために、最終的には選手個々人がピッチ内で判断するしかないのです。

４章

バルサと切り開いたブルーオーシャン
ファンビジネスで独立・起業

あ、おれ社長になったんや

前章でも述べた通り、事業がうまく行かなそうなら副業として自分のビジネスを、という算段も崩れ、ＪＳＶを退職して起業することになりました。バルサの強引さとスピード感に背中を押されて半ば勢いで決めてしまった部分もありましたが、まあ、薄々起業せざるを得ない感じになるだろうなあと思っていましたし、おかげで「やるしかない」と奮起できましたし、こういうきっかけがなければいつまでも起業などしなかったかもしれません。もしバルサと関わらなかったら今の僕はどこで何をしていたのだろう、改めてそう思います。

しかし、部下を持った経験もなく、雑魚社員レベルだった当時の僕には、会社を立ち上げるにあたっての知識はまったくありませんでした。一番最初にやったことは「会社設立方法」をググることでした。

会社を起こすにはいくらかかるのか、株式会社と有限会社の違いは何なのか、設立までどのくらいの期間がかかるのか、そういった基本的なことも知らなかったので、創業1年目は、「なんか、売上がちゃんと立ってるのにお金ぎりぎりなのはなんでやろう?」と、会社の損益計算書的には黒字にも関わらず資金の回収が遅れ倒産してしまう「黒字倒産」が目の前だということも知らずにのほほんとしてました。

当時の自分は通帳の中に入っているお金で回すという発想しかなく、銀行からお金を借りるという発想そのものがなかったのです。さらに言うと、会社を作った時には、法人用の銀行口座が作れることも、会社を立ち上げてしばらくは資本金を使ってもいいことも知りませんでした。しかし、銀行で初めて通帳を渡されたとき、「あ、おれ社長になったんや、社長になるのって簡単なんやねー」と感想を持つぐらい、今から考えると「よくあれで起業したなあ」と笑えるほど適当でした。

バルサのオンラインショップ立ち上げ

独立してからの僕の事業は、のちにバルサキャンプ・スクールなどの育成事業にシフトするまで、日本における海外クラブのファンを対象にしたファンビジネス事業がメインでした。バルサファンを対象としたソシオでの仕事が発展した形となったのです。

ただ、ソシオの代理受付業がうまくいっていたとはいえ、すぐに新たなビジネスを仕掛ける必要があると起業したての僕は考えていました。というのも、このソシオ受付代理店の事業に関してあまり明るい見通しを立てていなかったからです。

前述のようにソシオ代理店の契約内容は、コミッションの支払いは契約1年目、つまり新規会員の年会費のみが対象という、バルサにとってかなり有利な条件でした。2年目以降もある程度の手数料をもらえるよう交渉することもいまではできますが、当時はお金の交渉の仕方もあまりわかっていませんでしたし、ある程度の数の人がソシオになった後は微増するのみで、加入者はいずれ頭打ちになってしまう、どう考えても寿命の短い仕事でした。しかし当時の僕には他の契約形態を模索できるほどのアイデアもありませんでしたし、何よりバルサと仕事ができる状況を作れることが大きく、そこでやらない限りは何も残りません。

とはいえ、こういったビジネス形態はこの時だからこそできた仕事であり、ビジネスの将来を考えると持続可能な事業ではありません。今だったらこういった仕事の仕方は絶対にしないでしょう。実際、2011年を最後にソシオ受付代理店のサービスは終了しました。「ソシオの次をどうするか。さらにその次は?」と考え、次に仕掛けたのがバルサグッズのオンラインショップでした。

あらゆる**リソースが足りなかった僕にとっては、いまある数少ない武器で進んでいくしか方法がなかった**のです。このときJSVでグッズを売るノウハウがあった僕は、前述のバルサファンサイト、ブラウグラナ上でバルサのグッズを販売することにしたのです。

当時はバルサのオンラインショップどころか、日本語公式ホームページすらありませんでしたが、日本のバルサファンのニーズをある程度実感していました。オンラインであれば実店舗コストも避けられますし、コアなバルサファンが集まるブラウグラナでバルサのグッズを販売すればビジネスになるのではと、温めていた企画の一つでした。

また2004―2005年シーズンはフランク・ライカールト率いるバルサが、前シーズンから加入したロナウジーニョを中心に、6シーズンぶりにリーグ優勝。翌シーズンには国内リーグとチャンピオンズリーグを制し、「暗黒の時代」と言われた時期から抜け出して最高のシーズンとなりました。ちなみに、リオネル・メッシも、この2004―2005年シーズンにバルサB

から昇格し、17歳でトップチームデビューを飾っています。その後2004年から2007年まで4年連続して来日(2005年には2回来日)していたこともあり、日本でのバルサ人気はうなぎ上り。それに比例してグッズの売り上げは絶好調でした。

バルサのソシオ部との繋がりができて以降、彼らにはかなりの便宜をはかってもらっていました。ソシオ部のボスであるパシには、「ソシオ以外のことはノータッチだから、ブラウグラナで他の仕事をやるのは、君の自由だ」。と言われていたのでバルサグッズのオンラインショップも非公式で運営していました。しかし2006年12月にバルサがCWC(クラブワールドカップ)出場のために来日するタイミングで、バルサと交渉をして12月にFCバルセロナ公式オンラインショップオープンの契約を結び、非公式でやっていたオンラインショップをオフィシャル化することになったのです。現地のオフィシャルショップの名前をウェブにそのまま使った「FCBOTIGA」がオープンしました。

期間限定バルサポイントは大盛況。ＣＷＣも大きな話題に

さらに、ＣＷＣでの来日に合わせてバルサのソシオ部から「クラブの来日に合わせてファンが集まる場所、バルサポイントを作って欲しい」という要望がありました。クラブが来日する際に試合会場近辺でイベントやキャンペーンを行いたいという場合は、クラブから弊社のようなライセンスを持っている会社に依頼が来る場合があるのですが、僕もオフィシャルショップの実店舗をバルサの来日時に行う提案を考えていたタイミングでした。

バルサのトップチームはＣＷＣ出場の際には横浜マリノスタウン（現在は閉鎖）で数日練習をしていたのですが、その目の前にオフィシャルショップをオープンし、そこにソシオの受付ブースを設けることにしました。これまでの日本でのバルサショップの活況ぶりをバルサの担当者は見ていたので、この件に関してノリノリで、バルサ側からも多くのアイデアが出されました。ＵＥＦＡチャンピオンズリーグのビッグイヤー（優勝カップ）のレプリカもわざわざスペインから

会場に展示されたビッグイヤーのレプリカ

持ってきてくれ、会場に展示することになりました。

横浜マリノスタウンのスペースを借りて12月1日から18日までオープンしたオフィシャルショップ「バルサポイント」は、連日長蛇の列で大盛況。入場規制もかかるほどでした。

FIFA（国際サッカー連盟）の公式大会であるCWCは、スポンサーを守るという意味から、スポンサー以外がCWCを謳ったプロモーションを行うことは一切禁じられており、それはライセンスをもつ企業も例外でありません。ワールドカップも同様です。当然このバルサポイントは「クラブワールドカップ」という文言は一切使えませんでした。さらにバルサポイントの立地が日産スタジアムから離れていることもあり集客面で

バルサポイントは連日長蛇の列で大盛況となった

不安もありましたが、蓋を開けて見れば計18日間で計2000万円を超える売り上げを叩き出しました。これを見たバルサの関係者はまさに満面の笑みでした。

CWCの結果はというと、バルサが決勝に進みながらも、残念ながらブラジルのインテルナシオナルに0―1で敗れてしまいました。しかし、バルセロナの地元紙ムンド・デポルティーボに掲載された、試合後にバルサのユニフォームを着て泣きじゃくる日本人の男の子の姿が大きな話題となりました。日本にこれほどのバルサ愛を持った子供がいることに感激したバルサは、マスコミや関係者に「この少年を知っているか？　ラポルタ会長が会いたがっている」と連絡してきました。僕のところにも、このようなメールが届きました。

Una experiencia inolvidable para Leo Miyagata

Ronaldinho le reservó la camiseta que le prometió

MUNDO DEPORTIVO 1906 2006

HOY, PRIMER CUPÓN Y CARTILLA

BULTACO

FCB

DECEPCIÓN

Capello impone su estilo ante un Espanyol en superioridad

「ムンド・ディポルティーボ」に掲載されたCWC決勝、バルサの敗戦に泣きじゃくる日本人の少年（右の写真）。その後、バルサに招待されてレバンテ戦を観戦する機会に恵まれた（左の写真）

Hamada san,

Do you think there is anyway we could find this child Laporta would like to identify him and contact him.Maybe we should ask the Japanese socios if they know him.What do you think? If we do find him, Laporta will be very very happy.

（原文ママ）

僕の知り合いがちょうどその子を知っていたので、クラブに連絡したところ、その少年はバルセロナに招待され、カンプ・ノウでレバンテ戦を観戦する機会に恵まれました。試合は1―0でバルサの勝利。男の子は涙でなく笑顔で新聞を飾り、メディア的にも多くの露出があった大会となりました。

カタルーニャ人は超ケチ？ バルサは絶対にボール（お金）を渡さない

バルサポイント企画を進めていた際に起こった、いま思い出しても改めて驚いてしまう出来事があります。バルサポイントをオープンするにあたって、バルサの担当者とスペインでミーティングしたときです。実店舗の図面を見ながら、必要な設備に関して「これを作るには経費がこれだけかかるんですよー」と漏らしたところ、なんとバルサがその経費を負担してくれたのです。これだけ聞くと、なんてことないことに思えてしまいますが、僕にとっては衝撃的なことです。

基本的にバルサはビジネスに関して、「あなたはバルサとビジネスがしたいんですよね？ ではお金を払いましょう」といった具合に、超強気なスタンスです。通常は、バルサが自分たちの財布からお金出すなんてことは絶対にありません。例えば「カンプ・ノウに薄型の液晶モニターを設置したい」とバルサが考えたとします。通常であればメーカーから買うと思いますが、バルサは違います。「カンプ・ノウに液晶モニターを設置する権利」をスポンサーのパッケージに入れてセールスするのです。バルサポイントの例で行くと、バルサの名前を使って期間限定ショップをやるのだから経費は当然、運営側持ち、かつロイヤリティーがかかるという話になります。

そのとき負担してくれた金額は50万円程度でしたが、準備費用のお金を払ってくれるなんて、過去15年を振り返ってもこの時一回だけです(笑)。それだけ海外にファンを増やすということが、当時の彼らにとって非常に重要なミッションであったことが伺えます。

これは長年カタルーニャ人と接して感じることですが、彼らは本当に自分の財布からお金を使うことを嫌います。よく言えば倹約家ですし、悪く言えばケチでセコい、そんな性質を持っている気がします。最近の例では、熊本のバルサアカデミーサテライト校に行く際に新幹線で行く予定でしたが、最終的に車で行くことになりました。そうすると、「交通費が浮いたんだから、その分おれにくれないか?」というような交渉をしてきました(笑)。

さらに、「使えるものはとことん使ってしまえ!」といったマインド(商魂とも言えます)も非常に強いといえます。前述したＣＷＣでの敗戦を受けて涙を流していた男の子については、ＣＷＣ決勝で負けるという批判をかわすということと、また、バルサのＰＲということも含め、「これはチャンスだ！」とばかりに、様々なメディアを通じてＰＲしていました。

バルサのコーチはよくこんなことを言います。“Lo más importante es no perder el balón”「最も大切なことはボールを失わないことだ」「ボールは俺たちのもの、絶対に失うな！　空いたスペースがあればうまく使え！」そんなバルサイズムを体現しているようにも思えます。絶対にボール（お金）を離さないバルサの人たちと仕事をすることは、世界最高の人たちとビジネスというピッチ上で戦うということなのだなと感じさせてくれます。

ファンビジネスコンサルティング業務を開始

バルサのメインスポンサーに楽天が名乗りを上げ、２０１７―２０１８年シーズンのユニフォームから胸部分に「Rakuten」の文字が大きく表示されていることは大きな話題となりました。バルサと楽天の付き合いは長く、実は2006年7月にマーケティングパートナーシップ契約を結んでいます。僕は残念ながらこの契約には関わっていませんでしたが、契約発表後に「ファンの考えや意見などを知りたい。コアなファンの方に納得してもらえるような形でプロモーションするために協力してほしい」と、楽天からファン向けのプロモーションの協力依頼を受けました。僕はファンのコミュニティを中心とした事業で培ったノウハウを活かし、サッカーファンに向けたプロモーションのコンサルティングを事業として新しく始めていました。

企業が行うスポーツファン向けのプロモーションというのは、一筋縄ではいかない難しさがあります。スポーツというのは公共性の高い性質をもつコンテンツです。ビジネス（お金）とスポーツは時として水と油のような存在になります。金儲けの色が強い経済主義的な要素が、自分が愛するスポーツを支配することを毛嫌いするスポーツファンは多く、クラブ経営や企業プロモーションにおいてそのバランスを間違えると、ファンはたちまち離れていきます。**スポーツの本質から外れない文脈でマーケティングを行い、プロモーションをする必要がある**のです。

この時に携わったコンサルティングの一つとして、バルセロナとコラボレーションした楽天クレジットカードのデザインがあります。

当初、楽天のクレジットカードのデザインは、5人の選手が並び、表部分に楽天のロゴが入るというタイプの1種類のみでした。しかし、僕はデザイン案の中にあった、バルサのユニフォームがベースに描かれ、エンブレムが浮き上がっているデザインを勧め、さらに楽天のロゴを外すことを提案しました（選手の写真を使うと、選手が移籍した際にはデザインをやり直さないといけないことももう一つの理由にありました）。

バルサファンには選手個人よりもクラブそのもののファンという人が多く、企業がやりがちな一部のスター選手だけ広告に起用するといったキャンペーンや本質からずれた取り上げ方を極端に嫌います。「この会社はやっぱりわかってない」という印象を抱いてしまうのです。バルサファンが今回の提携をどのように考えているのかをアンケートでリサーチしたところ、2006年当時のバルサと楽天の提携を、「フットボールなんて興味のない大企業が、バルサを使ってまた金儲けしようとしている」というコアなバルサファンの意見が目立ちました。楽天の担当者は、非常にサッカーファンの心理に理解がある方で、最終的に5人の選手を並べた写真のものと、エンブレムがデザインされた2種類が発行されることになりました。結果的に、エンブレムが描かれたカードを約7割のファンが選ぶことになりました。

日本でのスポーツブランドの構築は、ゆっくり時間をかけてやっていくべきだと考えています。そのためにまず、ファンのベースをしっかり作り、強固なコミュニティーにすることが重要なのです（2017年に決まった、楽天のバルサへのスポンサードとそこからの展開は2006年時とは違い、バルサファンの間でも好意的に受け取られています）。

ビジネスの視野が一気に広がった、アメージング・ラボとの業務提携

2004年の創業以降、ソシオの正式代理店、オンラインショップ、ファン向けマーケティングのコンサルティングのほかに、バルサの観戦ツアーやプレシーズンマッチの企画、グッズの卸売業など、サッカーファンをターゲットにしたさまざまな事業を展開しましたが、起業して約1年が経ったころ、会社としての大きな転機がありました。スペインのマドリードを拠点とし、エンターテインメント、ファッション、スポーツを扱うエージェント会社、アメージング・ラボと

業務提携をしたのです（最初は買収したいという話でしたが、最終的に業務提携に落ち着いた）。

このアメージング・ラボ社は、僕がＪＳＶ所属時に、バレンシアＣＦの来日ツアー時にイベントの打診をしてきた、あのマルコス・ディアスの会社でした。僕の会社「ムンドアレグレ」は、アメージング・ラボが展開するサッカービジネスに特化した子会社である「アメージング・スポーツ・ラボ（Amazing Sports Lab：ASL）と業務提携し、「アメージング・スポーツ・ラボ・ジャパン（Amazing Sports Lab Japan:ASLJ）」に社名変更。有限会社から株式会社となり取締役にアメージング・ラボ社長のパリス・デレトラス（元スイス銀行のバイスプレジデント）と、マルコスを迎えました（現在は外れています）。

どこかの大企業の看板を背負ったわけでもなく一から作り上げた自分の会社が、こうして評価されたことはすごく自信になりました。アメージング・ラボはＡＣミラン、インテル、マンチェスター・ユナイテッドなど、欧州のほとんどのビッグクラブの幹部と付き合いがあり、ブラジルの強豪サンパウロＦＣともパイプを持っていました。またマルコスはＦＩＦＡ公認の選手エージェントでもありました。この提携が僕の二つ目の起点となり、以降バルサというルートだけではなく、他のクラブと交渉することが可能になりました。

インテル、チェルシー、リヴァプール、アトレティコ・マドリードといったビッグクラブとの交渉のテーブルにつくことができ、イタリアのユヴェントスやＡＣミラン、イングランドのアーセナルなどとの契約が決まり、これまでのノウハウを展開させていきました。

バルサの日本におけるグローバル化戦略が成功を収めた今、バルサは現在圧倒的な人気を誇りますが、日本のバルサファンに関わるほとんどのことを最初に手がけることができたのは、ビジネスパーソンとして大きな自信となりました。もともと潜在的に多く存在したバルサのファンを様々なタッチポイントを作ることで顕在化させ、ソシオの交流会やミーティングポイントを作ってコミュニティ化、それがよりパワーを持ち、ＳＮＳがいまのように発達する前のバルサファンコミュニティを育てることに繋がったと感じています。ソシオのオフ会で知り合ったファン同士で結婚したカップルの話を聞いた時は本当に嬉しかったです。

前述したバルサのクラブ側の事情やサッカービジネスを取り巻く時代背景もあり、単に仕事をしていたというよりも、彼らとタッグを組み、ともにマーケットを作って広げている感覚がありました。

バルサは今となっては完全にグローバルな世界的クラブとなりましたが、以前はローカルマーケットをローカルでしか攻められていないという状況でした。バルサのようなビッグクラブですら僕らのような日本の代理店の助力を受けて、アクションに繋げるという地上戦しかできない時代だったのです。

しかし、今ではFacebookなどのSNSや物流システムの進歩もあり、空中戦をすべて自前で仕掛けることができます。例えば、オンラインショップも自前で世界中に向けて使いやすいサイトが運用できますし、PRも自分のソーシャルページで瞬時に全世界にPRできます。グッズの配送にしても、いまでは全世界に発送するハードルは高くありません。これまでは一つひとつのローカルマーケットで個々に対応していたものが、アジアまたはヨーロッパから全世界へ向けて一気に発送することができます。様々なツールが進化してきてやり方が変わってきたのです。代理店業務にしても、今の時代、バルサに直接話を持っていくことは難しくありません。FacebookやLinkedInでも担当者は探せますし、代理店の役割が下がってきているのも事実です。

そういった時代の流れはビジネスに如実に表れ、僕の事業も例外ではありませんでした。ある時期を境に、グッズやソシオの代理店事業の売り上げは徐々に落ち込んで行くのです。それに伴って、弊社のメイン事業も、ファン向けビジネスからバルサキャンプ・スクール事業へシフトしていきます。

第５章

ファン向け事業の落ちこみ
育成事業へのシフト

このままでは事業が立ち行かなくなる

現在、弊社アメージング・スポーツ・ラボ・ジャパン（以下、ＡＳＬＪ）は、ＦＣバルセロナキャンプ（以下、バルサキャンプ）、ＦＣバルセロナスクール、エコノメソッドスクール（２０３ページで説明します）、エコノメソッドキャンプ、Ｕ―12ジュニアサッカーワールドチャレンジ、プロ選手を含む、選手へのプレー改善コンサルティングなど、選手の育成に関する事業が売り上げのほとんどを占めています。起業してから長らくメイン事業であったファン向けの事業は、現在では全体の５％にも満たない規模となっています。

１９９８年の中田英寿選手のペルージャ移籍以降続いていた、日本のサッカーのコアファン向けサッカーマーケットは、２００６年のドイツワールドカップの大敗を境に大きく縮んでいきました。サッカーグッズショップ、コア向けグッズ販売などのファン向けビジネスは、スポーツチームの成績によって売上が大きく左右されてしまうのです。弊社以外のサッカーグッズショップも、多くがこの時期に閉業してしまいました。

また、弊社の売上の大部分を占めたバルサグッズの売り上げは、バルサがＣＷＣで来日した２００６年12月でピークを迎え、レアル・マドリードに逆転優勝を許した２００７年から、次に優勝を果たす２００９年までのあいだ、ぱたっと落ち込んでしまいます。さらに、前章でお話ししたような海外クラブの公式サイト日本語化、ＳＮＳの浸透、物流システムの進歩で、グッズの販売などを僕たちが日本で行う意義が下がっていきます。海外クラブのオフィシャルオンラインショップも、例えば、バルサが自前で立ち上げて一気に全世界に発送してしまえば、わざわざ日本の会社と契約して、販売を委託しなくてもよいのです。

こうしてファン向けビジネスの売り上げは徐々に落ち込みはじめ、当初は会社全体売上の90％ほどを占めていたグッズ売り上げは、２０１４年には全体売上の30％ほどに。中国の企業が大金を投入してヨーロッパ各クラブのライセンスを一気に買いはじめた２０１６年ごろには、全体売上の５％ほどの規模となりました。

会社を立ち上げた２００４年から２００６年までは、弊社の売上は右肩上がりで、２億円弱に達していたのですが、ファン向けのマーケットの落ち込みにより、1・8億円（2007年）、1・4億円（2008年）、1・5億円（2009年）と売上の微減が続き、2007年と2008年は赤字に転落してしまうのです。

経営の世界では10年続く企業は1割（諸説あり）と言われていますが、なぜ会社を10年続けることが難しいか。それは、マーケットが導入期→成長期→成熟期→衰退期という一連の流れを経ていくこと、そして、そのスピードが以下の二つの理由により非常に早いことです。まず、現代社会では人の興味の移り変わりが非常に激しく人気が続かないこと、そして、テクノロジーの進化のスピードが早く、次から次へと新しいサービスが登場するからです。

1993年のJリーグの誕生、ドーハの悲劇から始まったサッカーブームは、1998年以降海外サッカーブームとなり、2002年のワールドカップを経て、2006年のドイツワールドカップ敗退頃まで続きました。ただ、そこから一気にマーケットが縮小したため、このままのやり方を続けていればいずれ事業が立ち行かなくなることは目に見えていました。このままファン向けの事業の中でもがき続けるのか、他のビジネスモデルを構築するのか。僕は2006年頃からさまざまな経営やマーケティングのセミナーを受けたり、あらゆるタイプのビジネス本を読み漁っていくうちに、沈みゆく船でもがくのではなく、新たな船を自分で作る方向に舵を切ることに徐々に気持ちが傾き、２０１０年頃には育成事業を会社のメイン事業にすることを決意したのです。

そして、その決断に至るきっかけとなったのが、２００７年に手掛け始めたバルサキャンプでした。今になって考えると、経営者として最も大きな決断の一つが、この決断だったと思います。現在の育成事業への第一歩となったこのバルサキャンプの経験以降、世の中の流れを俯瞰し、今、**マーケットがどこへ向かっているのかということを注視し、短期、中期、長期的スパンの中で、どういう仕掛けをすれば、未来はどうなっていくのかを予測しながら先まわりする**癖がついた気がします。

バルサも自分も経験ゼロからのキャンプ事業

育成事業への集中のきっかけとなったバルサキャンプですが、まず弊社が運営しているバルサキャンプについて説明します。バルサキャンプは、バルサと正式なライセンス契約を結び、現地スペインのバルサスクールで年間を通して行われている最先端のトレーニングメソッドと同様のトレーニングを、バルセロナから来日する６人のコーチ陣とともに短期集中的（１日〜５日）に行うサッカーキャンプです。

２００７年に横浜で開催したのが最初ですが、６歳〜13歳の子供たちを対象に今では全国各地で開催しています。これまでに全国21都道府県で開催、延べ７０００名を超える子供たちに参加いただいています。２０１８年の７月〜８月にかけて行ったサマーキャンプでは過去最多の全国14会場、16クールを開催しました。キャンプでＭＶＰに選出されれば、バルセロナに無料招待され、１週間現地バルサスクールに留学し、スペイン人とともにプレーできる特典があります。また、エリートプログラムに選出された選手は、エリートプログラムに選ばれた選手のみでバルセロナに遠征し、バルサコーチによる特別クリニック、地元強豪クラブとのトレーニングマッチに出場することができます。

バルサのオンラインショップなどのファンビジネスがまだ好調だった２００６年、会社の更なる成長に向けて新規の事業を考えていたところ、ある方から、バルサが展開する子供向けのサッカースクールを日本でできないかという相談を受けました。当初は主催ではなく、代理店として携わることになっていましたが、「主催として浜田さんにメインで関わってほしい」と強い申し出を受け、僕も事業の新しい一手として、よりサッカーの核に関わる育成事業に強く関心を持っていたので本格的に取り組むことにしたのです。

バルサスクールの契約担当窓口はFCBMだったため、僕は2006年当時、FCBMのGMで、2018年までバルサのフットボール・ディレクターを務めていたラウール・サンジェイ氏に相談しました。彼とは、前述のとおり、僕がJSV入社後すぐに担当したバルサショップオープンの際に来日してからの付き合いで、12月にCWCの試合で来日するから、そのときに話をしようということになりました。その際に、「いきなりスクールではなく、キャンプからやってみてほしい」という提案を受け、2007年に初めて現地のバルサスクールに視察へ行ったのです。

恥ずかしながら僕はそれまで、現地のバルサスクールでトレーニングを見たことはなく、バルサが実際にどうやってトレーニングしているか全く情報を持っていませんでした。というのも、サッカーをプレーするという部分に対しては、自分の人生の中ではもう終わったことだという意識があり、そこまで興味がわかなかったのです。

しかしながら、バルサのグラウンドでトレーニングを見ると、今まで自分が見たこともないようなトレーニングが繰り広げられていたのです。そのとき、今でもはっきり覚えているのですが、これまでの自分のサッカー人生に対する思いが自分の中で顕在化してきました。「**自分がもし小学生の頃からこのようなトレーニングを受けることができていたら、もっと選手として上にいけたかもしれない……**」と。そして、「**このトレーニングを今の子供たちに経験して欲しい**」と。日本に戻った僕は俄然やる気に満ち、何とかバルサキャンプを形にすべく、動きだしはじめたのです。

一方、当時、バルサは２００４年にFCBEscola（Escolaはカタルーニャ語でスクールの意）という名前で、ＦＣバルセロナのスクールを国内でスタートさせ、これから海外に拡げていきたいというような状況でした。今でこそ、キャンプのロゴや修了証などはバルサから全部マニュアルが送られてきますが、この時はキャンプの経験はバルサ側にもなく、キャンプ運営のためのノウハウやフォーマットなどは存在しませんでした。

ほとんどが「そっちで考えてね」という完全に丸投げ状態で（もう慣れっこの無茶振りでしたが……）、キャンプのロゴのデザインから全体スケジュール、グラウンドの手配、バルサコーチのロジスティック、ドリンクの手配、座学の内容、コーチや参加者の宿泊の手配、広告宣伝、子供たちが着るトレーニングキットの手配、HP・パンフレット・ポスターの手配、通訳・アシスタントコーチ、トレーナーの手配など仕事は山積み。すべてがゼロの状態から手探りで進めていきました。

いまでは当たり前になった海外クラブのキャンプも、当時はほとんど前例のないことでした。契約では、バルサコーチの渡航費、宿泊費、食費、コーチの給料、すべて負担するだけでなく、売上の15%をバルサにロイヤリティーとして支払う契約でした。さらに、「**せっかくやるのだから、質の高いトレーニングを提供するだけでなく、プロフェッショナルな環境の中で子供たちに学んでほしい**」という思いがあったため、通訳、アシスタントコーチの手配はもちろん、グラウンドの場所（都市型開催）にもかなりこだわりました。

結果的に参加料の値段設定はどうしてもこれまでの常識と比べると尋常ではないぐらい高くなってしまう一方で、やれば人数が集まるという確信もこの時はありませんでしたし、「集まらなかったらどうしよう」と、かなり不安になったのも事実です。そのため、とにかく広告宣伝に

FCバルセロナキャンプ2008のフライヤー

はコストをかけようと、150万円ほどの予算をとり、サッカー関連の雑誌などに「バルサの10番を日本から」というキャッチコピーで、大きく広告展開を行いました。

こけたら会社の存続にも影響を及ぼしてしまうであろう、初年度のキャンプは、蓋を開けてみれば大盛況。夏休み期間中に小学生を対象にして3クール（1クール5日間）、横浜みなとみらいスポーツパークで開催され、192名の子供達が参加してくれました。

偶然にもバルサのトップチームが来日し、横浜で試合をするというニュースが出たことも集客の手助けとなり、なんとか形になったのです。

翌年の2008年には横浜（2クール）・神戸で開催し、3クールすべてが定員（216名）、2009年から2011年にかけても毎回定員となるほどでした。

バルサの指導のクオリティーの高さが口コミで広がり
リピーター率も上がっていった

バルサの指導メソッドは、バルサキャンプが行われるまでは全く日本に入ってきておらず、また現地のコーチの指導によるトレーニングクオリティーの高さが口コミで広がり、参加者の高いリピーター率に繋がっていました。またMVPに選ばれた1名はスペインに招待され、バルサスクール選抜の一員としてスペインの大会へ出場できることが参加者の大きなモチベーションとなっていたと思います。

さらにこの時期は、メッシやイニエスタ、チャビなどの下部組織（カンテラ）出身の選手がバルサのトップチームで中心選手として台頭してきたことで、カンテラや育成システムが世界的に評価されていました。日本でも〝育成のバルサ〟というイメージが定着していたこともあり、バルサメソッドによる育成年代のトレーニングへの関心は日増しに高まっていたことも、キャンプ成功の要因の一つに挙げられます。これまでの事業で関わったバルサを応援したいというファンだけでなく、実際にバルサのトレーニングを受けたいという選手、また受けさせたいという保護者の方々のニーズを強く実感しました。

念願のバルサスクールを運営開始

前述したように、バルサキャンプは将来的なバルサスクール開校を念頭においてスタートした事業ですが、2年後の2009年9月にバルサスクール福岡「FCBEscola FUKUOKA」をついにオープンしました。

2019年現在では、バルサスクールは世界に43校あり、現地バルセロナの直営本校（下部組織であるカンテラとは異なります）を除けば、すべてバルサスクールの運営を希望する企業がライセンス契約をしたうえで、バルサから派遣されるテクニカルディレクターが常駐する体制をとっています。運営会社は、パートナーとしてバルサに売上高の15％のロイヤリティ（もしくはミニマムギャランティーの高い方、概ね年間1500万前後）を支払う一方、バルサはメソッドの提供、日本人指導者の教育、トレーニングメニュー作り、トレーニングのクオリティーコントロール、選手のスカウティングなどを提供します。

では、バルサキャンプとバルサスクールの違いは一体どういう部分でしょうか。バルサの育成部門にはバルサメソッドを司る部門があり、その部門で毎年メソッドを進化させています。バルサ全体のメソッドがアップデートされたら、育成部門のメソッド部門とスクール部門のメソッド部門に分かれ、それぞれのカリキュラムを作っていきます。

バルサスクール部門ではカリキュラム全体を5ブロックに分け（以前は8ブロックに分かれていた）、年間を通して子供たちに指導していきます。そして、1ブロックは基本的に8週間ほどで終わります。バルサキャンプでは、どこかのブロックだけを行うのではなく、スクールで5ブロック×8週間（スペインのシーズンは9月～6月）をかけて行うことを、それぞれのブロックから抜粋してハイライト的な形で行います。例えば、5日間のキャンプであれば、1日1ブロックというような形になるのです。

このようにバルサのメソッドを短縮して、数日間で受けるキャンプと異なり、スクールはバルサから派遣されたテクニカルディレクターが常駐し、年間を通して指導するプログラムです。幼稚園児、小学生を対象に週1—3回のクラスを受講してもらうシステムとなっています。現在は福岡校、葛飾校（2015年6月開校）、福岡校のサテライト校である熊本校（2018年4月開校）、奈良校（2018年5月開校）、品川大井町校（2018年8月開校）、の計5校を運営しています。（葛飾校は直営ではなくコンサルティング）

バルサスクールが動き出したのは、2007年。専門学校のヒューマンアカデミー名古屋校に呼ばれて講演を行った際、バルサキャンプのことを知った専門学校の職員の方から「日本に常設のバルサスクールを作りたい」という連絡をいただいたことがきっかけでした。僕はバルサとの契約や窓口業務、マーケティングなどのコンサルティング業務で関わることとなりました。スクールの運営会社には、福岡の会社に協力いただくこととなり、僕は彼らとバルサとの契約を仲介、そして、コンサルティング契約を結び、クオリティーコントロールを行うことになりました。当時、スペイン国外での常設スクールはバルサもエジプト校以外に前例がなく、日本で始まればバルサにとって初のアジア進出の事例となります。日本にも欧州クラブのスクールは当時まだ一つ

バルサスクールにはバルサから派遣されたテクニカルディレクターが常駐。年間を通して指導が受けられる

も存在していませんでした。

一方で、バルサキャンプに参加した子供たちの意見を聞くと、バルサキャンプで教わったことを年間通して学びたいという意見が圧倒的に多く、バルサスクールを開いてくださいという声を何人もの方からいただいていたため、何とか早く実現する方法はないかと模索していました。しかしながら、２００９年当時、スクールを開校するには月曜日～金曜日の夕方以降独占利用できる照明付き人工芝のグラウンドで、かつ11人制のサッカーが可能なフルピッチのみという規定があり、グラウンドの確保はかなり難航しました。日本では通常ほとんどの人工芝のサッカーグラウンドは自治体の持ち物で、利用にあたっては地域の住民が優先、かつクジ引きであるため、利用できても週1回ぐらいが限界でそれでもとれたらまだラッキーなほどです。

また、バルサに支払う金額が高額であるがゆえに、生徒数が

３００人ほど集まらなければ赤字になる確率が高く、３００人集めるということから逆算するとある程度の規模感のある都市で、かつアクセスがよい場所でないと厳しいのです。そのため、戦略としては、バルサスクールが来るということを市や県のＰＲとして利用するという形で誘致してもらうやり方でないと厳しく、最終的にビジネスパートナー経由で福岡県の許可をもらうことに成功しました。

このように選手の育成に関わる事業はグラウンドを必要とするため、グラウンドを利用する場所や自治体の協力が不可欠です。**ビジネスサイドだけでなく、政治的なスキームを考えることもとても大切で、むしろ自治体にとって大きなメリットがなければ前に進みません**。自治体にとってはＰＲ効果、地域社会への貢献、さらにはグラウンド利用による収益などを考慮に入れた上で、プラスの方が大きければ前に進む可能性はありますが、一般的にグラウンドはもともと地域住民の方が利用されているため、利用者の交通整理を含め、実現に向けてのハードルは非常に高いと言えます。２００９年から10年たった２０１９年現在でもまだ5校しかできていないことを想像してもらえればいかに難しいかをわかっていただけるのではないでしょうか。

スクールの契約を進めるにあたっては、現在ではまず自治体などが持っているグラウンド、またこれからできるグラウンドなどの情報を集め、立地や施設基準としてバルサの基準に合致するのかを調査後、自治体などと話をします。その上でグラウンドを借りられる可能性が高ければ、候補地をベースにしたビジネスプラン、マーケティングプランをバルサに提出、バルサの責任者が来日し、グラウンドをチェック。ＯＫがでればバルサ側と条件交渉になります。契約はバルサと弊社の直接契約で、契約書締結後、記者会見を経て、バルサから派遣されるコーチが来日という流れになります。

今でこそ、契約書に記載されている内容をどれぐらいの厳しさで要求するのか、契約書に書いてないことの解釈など熟知しているため、金額、契約期間、来日コーチの条件の部分以外は契約書は斜め読み程度ですが、当時はバルサスクールなるものがどういったものか、コーチが常駐するとどういった問題が起こるかなど全くわからなかったため、相当苦労しました。というのも、バルサ自身もまだ海外で行うバルサスクールの明確な形ができておらず、その場しのぎの指示が飛んでいたのです。

バルサスクール福岡校開校時は、現在セレッソ大阪トップチームのヘッドコーチであるイバン・パランコ・サンティアゴがテクニカルディレクターとして派遣されてきました。その後、アイトール・オルモ、チャビ・モンデロ、オスカル・コカ、ジョアン・モイモイと現在5代目のコーチが就任しています。また開校から9年がたち、日本代表まで上り詰めたシントトロイデンの冨安健洋選手をはじめ、ガンバ大阪の高江麗央選手、ジュビロ磐田の藤川虎太朗選手、アビスパ福岡の桑原海人選手、サガン鳥栖の石井快征選手など5人の選手がプロ選手として活躍しています。また、弊社は、最初の約2年間コンサル業務として携わったのち、2011年9月から直営しています。

バルサがついに本気に——スクール事業はビジネスになる！

2010—2011年は弊社の育成事業の流れが大きく変わった時期でした。理由の一つとして、久保建英選手のバルサカンテラ入団、そしてもう一つにスクール事業がバルサとナイキの合弁会社であるFCBMからバルサの管轄となったことが挙げられます。バルサスクールを運営し始めて約1年が過ぎたころ、ナイキとバルサが契約を更新するタイミングで、スクール部門はナイキの管轄から外れたのです。サッカースクール部門というのは、当時は基本的にマーケティングのためのものと捉えられていたため、ナイキがバルサとスポンサー契約する際に権利の一部として、バルサスクールの運営権を入れていたのです。そのため、キャンプやスクール部門の目的は一人でも多くの子供たちにバルサのサッカーを楽しんでもらうことにより、バルサのファンになってもらい、ユニフォームを買ってもらうことだったのです。

またこの時期は、ヨーロッパではすでにスポーツビジネスとしてドラスティックに変化し、グローバル規模で大きくなりはじめている時期でした。しかし2010年ぐらいまでビジネスの主流は放映権やスポンサード枠をどう売るか、ファンをどう増やすかといったマーケティング目線のもの。言ってしまえば、バルサにとってスクール事業というのは末端のビジネスで、おまけ的な立ち位置となり、サッカースクール事業がマーケティング的にもスポーツ的にも将来的に有望な事業だという発想がなかったのです。それが日本で始まったキャンプ、スクールの動きを見てスクール事業の権利をナイキからバルサという元の鞘に収めた。つまり、ナイキのマーケティングの意味合いが強かった**スクール部門を、クラブのためのマーケティング、そして、海外にいる**

有望な選手を発掘する場所としての機能を持たせることに舵を切ったのです。

久保建英との出会い

バルサスクールの主体がナイキからバルサに移ったタイミングを同じくして、弊社の育成事業を語る上で外すことのできない、非常に大きな出来事が起きました。久保建英選手のバルサカンテラ（下部組織）入団です（出会ったときは8歳だったため、久保くんと記載したいところですが、すでにプロ選手なので、以降、久保選手と表記します）。

2009年に行われていた横浜でのバルセロナキャンプでのこと。指導していたバルサのオスカル・エルナンデスコーチから「すごい子がいる」と呼び出されて久保選手のプレーを見た時、当時小学2年生とは思えないそのプレーに衝撃を受けたことを覚えています。顔が常に上がっており、前を向くスピードが非常に早く、相手が足を出せないぎりぎりのところにボールを置くなど、とても小学2年生には思えない駆け引きをする選手でした。そして、全会一致でMVPに選

2009年のキャンプでMVPに選ばれた久保建英選手（当時8歳）

ばれた彼は、キャンプの特典によりスペインに招待され、バルサスクール選抜の一員として、2010年4月にベルギーのブリュッセルで行われたサッカーのU―9国際大会「ソデクソ・ヨーロピアン・ルサス・カップ」に参加することになりました。

同大会にはバルセロナ以外にもオリンピック・リヨン（フランス）、マルセイユ（フランス）、シャルケ04（ドイツ）、フェイエノールト（オランダ）、アトレティコ・マドリード（スペイン）、など欧州の強豪クラブの下部組織が参加していました。バルサスクール選抜は、準決勝でフェイエノールトに敗れ3位となりましたが、久保選手は7試合に出場し、なんと6ゴール1アシストの活躍。前日に行われたプレ大会と合わせると、14試合で12ゴール2アシストという驚異的な成績を記録したのです。チームの得点の60％以上に絡んだ久保選手は、海外の名だたるクラブの選手を抑えて、大会MVPにも輝きました。その後、その大会に帯同していたバルサスクールコーチであったオスカルにお願いし、バルサのカンテラでテストを受けさせて欲しい旨を伝え、回答を待ちましたが、バルサは12歳までは欧州外の選手は獲得しないというポリシーがあり、なかなか朗報は届きませんでした。やっぱり難しいか……と思い始めたころ、オスカルから連絡があり、「バルサのテストを受けることは可能だが、受けたとしてもテストが終われば、また日本での日常に戻ってもらう」という、暗に不合格を告げるような空気感でのメールを受け取りました。とはいえ、僕らはバルサカンテラのテストを受けられるという事実に胸を躍らせ、バルセロナに向かったのです。

2011年4月、カンテラでの練習に参加し、3週間にわたるテストを受けることになります。カンテラの練習は、チームメイトはもちろん全員スペイン人です。言葉も通じませんし、通訳もいません。しかし、そんな状況にもかかわらず、久保選手はもう何年も前からそこでプレーしていたかのようにプレーしていました。なんとカンテラに練習参加した2日目には、カンテラの責任者であるアルベルト・プッチから、「バルセロナに住む気はあるか?」と聞かれるほどでした。そしてテストも2週目に入ろうかという頃、話をしたいからオフィスに来て欲しいと言われ、久保選手と、久保選手のお母さんと一緒に、育成部門の責任者であるギジェルモ・アモール、アル

久保選手（2 列目右端）のサポートは著者にとって何物にも代えがたい経験

ベルト・プッチのいる部屋を訪問したのです。一通りの話が終わった後、その場で、「タケ、君はバルサでプレーしたいか？」と聞かれ、久保選手は、「Si」と答えると、その場で、「今日から君はバルサの選手だ」と告げられます。このときは居合わせた僕ですら、鳥肌が立つほど感動しました。

その後、久保選手はバルサに約3年半所属したのち、バルサが18歳未満の外国人選手獲得・登録違反の処罰を受けたことで帰国を余儀なくされますが、飛び級での各年代代表への招集、ＦＣ東京でのＪリーグ最年少得点記録や16歳でのトップチーム契約と、彼の活躍を聞かない日はありません。

もちろん、彼がプロの選手としてまだ大きな実績を残しているわけではありませんし、プロとして素晴らしいサッカー選手であるかは、これからわかることです。しかし、幼い少年が一歩一歩とステップアップしていく様は間近で見ていて胸が熱くなりましたし、**サッカー選手の才能を見つけ、その才能がそのまま花開くようにサポートするということを人生において経験できた**ことは、何物にも代えがたい稀有な経験だったと思います。

バルサを切るか……？　会長選の影響で大ピンチ

バルサがスクール事業に本格的に力を入れ始め、2011年にはスクールがクラブの中に組み込まれました。このことにより、バルサ内でも事業と育成を両輪としていく方針が明確となり、さらに久保選手のカンテラ入団の影響で、日本ではバルサの育成への関心に一気に火がつき、2011年のキャンプは放っておいても人が集まるほどに。バルサ以外の欧州クラブのサマーキャンプも日本に少しずつ定着していき、ファンビジネスから新たな軸として展開した育成事業は、このまま順調に成長していくかに思えました。

しかし、2012年からの約2年間は弊社にとって試練の期間となります。様々なことが立て続けに重なり、バルサとの取引そのものも危ぶまれる事態に陥ったのです。若干生々しい話ですが、フットボールの世界ではこういったことが世界中で起こっていると思っていただければ、一つのニュースであってもまた違った見方ができるのかと思います。

２０１０年7月、バルサという組織の中では会長が変わるという大きな変化が起きました。会長選により、これまでバルサを率いたジョアン・ラポルタから、サンドロ・ロセイへと変わったのです。僕が日本でのソシオ受付公式代理店を立ち上げた際には、ラポルタ会長が打ち出したバルサの売り上げ増加と海外転換拡大という追い風を受けましたが、その会長が変わったことでたちまち向かい風が吹きはじめました。

バルサという組織は、会長の方針のもとトップダウンで意思決定がされるワンマン的な性質がありますす。ですから、当たり前の話ではありますが、トップが変わればその下の人間もガラっと変わります。基本的にラポルタに近い人だけで固められていたバルサという組織が、サンドロの息がかかった人にすべて変わるのです。僕が最も仲の良かったスクール部門の責任者も例外ではなかったようで、連絡がつかないなと思っていたら、バルサをクビになっていました。一般の会社では、社員の解雇にはそれなりの理由が必要になりますし、そう簡単にできるものではありません。欧州でもかなりの補償をした上でクビを切るらしいのですが、それでも欧州サッカーの世界は、厳しい世界だと痛感します。

また、会長選にはラポルタ会長時代の副会長であった、つまりラポルタ派であるマーク・イングラも出馬していました。会長選挙の際、日本人ソシオのグループがマーク・イングラを応援しようという会を立ち上げ、その会合が、当時僕が渋谷で経営していたスペインカフェ行われていました。バルサと仕事をするときには、**誰かの派閥に入るのではなく、すべての人とうまくやっていく方向性で、中立を保たないといけない**のですが、このマーク・イングラを応援しているグループの会合が僕が経営しているカフェで行われていたため、僕がマーク・イングラを応援しているとサンドロ派の目には映ったようです。

新たな会長が就任した場合は、これまでのビジネスパートナーが切られることは珍しいことではありません。ただし、新会長に就任した人を応援していたのであれば話は違ったのですが、僕は誤解され、「ＡＳＬＪとは仕事をしない」という方向にバルサ全体が動きつつありました。実際にバルサ内でもバルサスタッフ、かつソシオである人間（バルサスタッフが全員ソシオなわけではありません）は誰に投票したかを調べられ、サンドロ・ロセイの対立候補に投票していたスタッフはクビを切られるということが行われていました。このように、サンドロは対立候補の派閥に属する人間（僕は全くそんなつもりはなかったのですが）は基本的に切るというスタンスを取っていましたので、弊社とは、今後ビジネスはともに続けられないという態度を取られることになったのです。ただ、彼らは明確に「ＡＳＬＪとは仕事をしない」と意思表示をしてくるわけではなく、何を提案しようともすべてのらりくらり交わし、一つひとつの案件が非常に着地しにくくなってくるということで、こちらも「おかしいな……」と気づきはじめるという感じです。

２０１０年〜２０１１年の半ばまでは、それでも僕らに取って代わることのできる日本の会社がなく、バルサとしても簡単に切れる状態ではないため、２０１１年のキャンプは問題なく開催ができたのですが、２０１１年の後半から急激に雲行きが怪しくなってきます。翌年（２０１２年）のキャンプの開催許可がでないのです。

前述したように、キャンプの事業自体は成長し、夏休みのサマーキャンプ文化が少しずつ定着しつつありました。しかしキャンプが定着するということは、事業としてある程度需要が見込めるということ。つまり競合他社、キャンプ事業への新規参入が増えるということでもあります。２００９年から２０１２年にかけてはその数が急激に増えた時期でした。「乱立」という言い方も間違ってはいないと思います。そのため、バルサ本体としてもキャンプ事業、スクール事業を拡げていきたいはずなのですが、キャンプ開催の許可がでないまま、２０１２年も2月に差し掛かろうとしていた時期でした。あるサッカー関係者から連絡があり、「バルサ・ジャポンという名前で、バルサキャンプとスクールの権利の独占契約を結んでいると言いながら、行政をまわっている一団がいるけど、本物なの？」と質問されました。その話を聞いたとき、すべてが繋がりました。

実は、２０１１年の11月にバルセロナの空港のバゲージ・クレームで荷物がでてくるのを待っているとき、ある日本人がバルサとの契約について電話で話をしているのが聞こえてきたのです。その日本人はスペイン語で会話していたのと、話の内容からバルサの担当者と契約について話をしているのは明らかで、この時は何の案件かなとは思ったものの、あまり気にはしませんでした。しかしながら、バルサ・ジャポンという団体の話を聞いたときに、ピンと来ました。バルサが弊社の裏で他の会社と案件を進めていたのです。

他団体の話を聞いてから様々な方面に情報収集を図ったところ、２０１２年の4月に成田でバルサキャンプを行う動きがあるという情報が入りました。そして調べてみたところ、バルサキャンプ成田の公式サイトがアップされていたのです。しかし、公式と言われるサイトを見てみても、バルサと契約を結んでいたとしたら、どう考えても整合性がとれない、つまりバルサの規約に沿っていないクリエイティブが散見されました。これはライセンス契約を正式に交わしていないと直感で思い、当時のバルサスクール部門の責任者であるチェビに「このバルサキャンプってバルサがオフィシャルで許可したキャンプですか？」とURLを貼り付けて質問しました。実は、バルサスクール部門の責任者であるチェビはこの案件について知らず、アジア担当ディレクター（チェビの部下）であり、元バルサの選手であったフリオが勝手に裏で許可をだしていたのです。後から知った話ですが、チェビとフリオも犬猿の仲であったため、それぞれが勝手に動いていたのです。

その後、結局、喧嘩両成敗ということで、バルサ・ジャポンもキャンプができなくなり、一方、弊社もキャンプの契約が結べず、最終的に2012年はサマーキャンプが開催されないという形で収束が図られました。バルサの中でもこの件は大きく揉めたそうで、この一件だけでバルサでも数人のスタッフが左遷される事態となりました。バルサの中でもスクール事業に関して、「もう日本に関わるのはよそう」というような、ある種腫れ物を扱うような空気が蔓延しており、これをきっかけにバルサが日本から離れる可能性すらもありました。契約期間中は不可能ですが、3年の契約満了後、福岡のバルサスクールを無くす話すら出ていたほどですから。スクールに関しては最終的にスクール部門の責任者が責任を取る形で外され、約1年間完全に宙に浮いた状態となってしまいました。

一旦事なきを得た弊社でしたが、問題はバルサ本体の意志として、弊社とは仕事しないということに傾いているという状況でした。ここの部分についてはもはやサンドロ会長に直談判をしないと難しいと感じていました。僕はといえば、２００６年にバルサの会長になる前のサンドロとミーティングをしたことはありましたが、その後は連絡を取ったことはなく、また今となっては相手はバルサの会長であり、直接話をすることも難しい状況だったため、提携先であるアメージング・ラボのマルコスと別途コンサルティング契約を交わし、サンドロとの間を取り持つ役目を託したのです。実はマルコスは２００６年にブラジル代表のロッカールーム映像を日本のＴＶ局に販売するという契約をサンドロとともに行った経験があり、サンドロの自宅にも呼ばれていくほど近い立ち位置だったのです。過去のストーリーを知っていた僕は、マルコス経由で弊社の話をしてもらい、キャンプやスクール事業ができるように取り計らってもらうよう話をしてもらいました。そこで、サンドロから出てきた言葉が、前述の「ＡＳＬＪはマーク・イングラをサポートしていただろ」という言葉だったのです。そこから、マルコス経由で誤解をといてもらうことができ、最終的にサンドロからＯＫの返事をもらったのです。

この一件を機にバルサと仕事で長年渡り合うには、政治的に立ち回ることも非常に重要な要素であり、敵・味方を作るのではなく、均等距離を保つことがどれだけ大切か理解できるようになりました。エージェントからクラブスタッフまで、バルサの**トップにつながる可能性のある人間とは等距離を保ちながら、政治的なルートを確保し、いつでもどの方向からも話ができるように準備**しなければ、ある瞬間に100がゼロになる瞬間が訪れる可能性があるのです。

サンドロの誤解は解けたものの、ここですべてOKとはならないのがバルサの難しいところで、今度は「ASLJとは仕事をするけど、その前に他のクラブや団体と仕事をしている間はASLJとは仕事しないから、他の取引先を切ってください」という通告を突きつけられます。

当時弊社はACミランやアーセナルFC、そしてエコノメソッドというトッププレーヤーを育成するためのコンサルティング事業を行なっていました。

僕はバルサとの間で起こっている問題について、社員全員に話をし、「バルサを切るか切らないか」という部分で全員から意見を集めました。前述のとおり、ミランとアーセナルなどの他海外クラブなどの事業を行なっており、業績も悪くありませんでした。当時はファンビジネスの収益も下がってきているとはいえ、それなりにありましたし、自分が将来何をどうしていきたいかという**根本的な部分を整理した後に残ったのは、僕がやりたいことは、バルサを広めることではなく、日本にサッカー文化を根付かせ、日本サッカーを強くしたいという想い**でした。そのため、バルサだけに縛られると、バルサの考え方のみにしか学べず、自身の成長にとってもマイナスとなる気がしたため、「バルサを切る」という方向に気持ちが傾いていました。

しかし、ある社員の「うちの会社はバルサから始まったのだから、バルサは切らないほうがいいんじゃないでしょうか」という言葉が僕の中で強く残り、最終的にバルサとの契約を続けるという決断を下しつつ、その他の事業はすべてクローズし、唯一、エコノメソッドというメソッドを世界中に展開するサッカーサービスバルセロナ社（詳細は203ページで記載）については、別会社を作り、人員もすべて完全に分けるという方法をとることにしました。

キャンプ事業の売上げが過去最低を記録

バルサがようやく重い腰をあげたのは、弊社がバルサに集中し、他の事業は別会社にわけたのを彼らが確認した2013年でした。僕は、「うちはバルサに集中したのだから、バルサもうちと独占契約を結んでくれ」と交渉をし、最終的に2013年は葛飾で年間8本のキャンプをやること、さらにその後キャンプがしっかりまわったら、葛飾でスクールを開校するということをはじめとし、日本全体のマーケットを独占で動かしていいというレターをもらうことに成功します。しかし、ようやくバルサキャンプを再開できたものの、キャンプ事業は予想外に苦戦しました。定員が埋まらないクールも出てしまい、過去最も低い売り上げを記録したのです。

前述したように、弊社のバルサだけでなく、レアル・マドリード、ボルシア・ドルトムント、アーセナルFC、リバプール、チェルシー、マンチェスター・ユナイテッド、ACミラン、インテル、さらに南米からもサントスやクルゼイロなど数多くのキャンプが立ち上がり、まさにサマーキャンプブームが続いていました。しかし2013年ごろを境に、各クラブのキャンプ事業が全体的に苦戦しだしたのです。一旦マーケットが飽和し、完全に競合同士でパイを食い合ってしまっている状況でした。さらに、数が多くなりすぎた結果、正直に言うとキャンプのクオリティーとしては本当に酷いクオリティーのものも散見されるようになり、キャンプ事業はもう難しいかな……とも考えるようになりました。

苦しくても自信があったクオリティー

しかし伸び悩みはあるものの、育成事業は赤字になっているわけではありませんでしたし、僕らはキャンプだけやってるわけではありませんでした。ファンビジネスでもそれなりに収益がありましたし、また、久保選手の実力が本物だとバルサでも評価され、ニュースとして頻繁に露出したことでバルサキャンプの知名度は高まっていました。また、マーケティングを前提にしながらも、キャンプで発掘される海外選手の入団を現実的な選択肢としてバルサが考えるようになっていました。

改善を怠らず、質の高さにこだわり続けたことにより
2年間の停滞から抜け、キャンプ事業の売上げが増加した

何よりバルサコーチの指導の質が高く、また手前味噌ですが、弊社の**運営の質に僕は大きな自信を持っていました。****これを継続的に続けることで活路は開ける**と感じた僕は、キャンプ事業の中身の改善とマイナーチェンジを繰り返しながら そのまま継続して開催することを決めました。具体的には、参加した選手たちから詳細なアンケートを取り、そのアンケートに書かれている小さな不満点について、一つずつ改善することを試みたのです。

例えば、バルサのコーチは常に3名が派遣されてきていました。しかし、子供たちのグループは6つあるのです。そのため、日本人コーチ6人が子供たち12人×6人のグループを受け持ち、バルサコーチは日本人コーチが見ている2グループを行ったり来たりしながら、クオリティをコントロールするという体制が、バルサキャンプが日本をはじめとする世界中でやっている方法でした。しかし、日本の子供たちや保護者からのアンケートでは、バルサコーチから直接指導して欲しいという要望が多かったため、バルサに日本の事情を説明し、コストはかなりあがるもののバルサコーチを常に6人派遣してほしいとお願いしました。

また、通訳の質にも徹底的にこだわり、当初はアルバイト通訳がほとんどだったところをできる限り社員にすることで、通訳の質のブレをできる限りなくしました。すると、2014年は開催した5都市すべてのキャンプが定員となり、育成事業の売り上げも増加したのです。この時僕は、「**子供たちや保護者の声に耳を傾け、求めているものを提供すれば確実にマーケットは広がっていく**」と確信しました。これまで2年間の停滞から抜け、久保選手がバルサに入団した年に次ぐ2度目のブレイクスルーが起きたと感じたのでした。

業績回復の理由——供給過多が産み出したマーケットの拡大

2011年ごろから停滞して2013年で過去最低の売り上げを記録するも、2014年から回復したのには、マーケットの仕組みが関係しています。

マーケットというのは、誰かが新しいことをやり始めて成功すると、みんながこぞって真似をしだします。初年度の成功を見ても、基本的には他社は様子見なのですが、2年目もうまくいったと見るや、多くの会社が3年目に参入し始めます。そして、急成長するパイを皆が少しずつ掴むので最初はうまくいきますが、その時間は2年~3年で、あまり長くはありません。他社も拡大し、パイを食い合った結果、一度供給過多になり、どの会社もうまくいかないということが起こります。飽和して市場が停滞するのです。そうなると質の低いサービスや体力のない会社、参入の遅い会社は撤退を始め淘汰されていきます。しかし、他社がさまざまな場所でプロモーションをかけるので、マーケット自体は大きくなっていて、その停滞を乗り越えた先には、供給が減っているので、質の高いサービスを提供していた会社に一気に集まってくるのです。

例えば、1000人のユーザーが利用するサービスを運営する同じような会社が三つあったとします。それが10社に増えて各社の顧客が500人程度になると、顧客を獲得できていないからうまくいっていないように感じてしまいます。しかし、市場内に存在するユーザーの数は500(顧客)×10(会社)=5000人ですから、マーケット自体は大きくなっているのです、すると新規参入で膨らんだマーケットだけが残って、**生き残った高品質のサービスのもとに顧客が戻ってくるのです。撤退で供給がなくなりマーケットが広がっている分、以前より伸びる**という事象も起こります。２０１２年〜２０１３年にかけての停滞を抜けて２０１４年から順調に成長できているのは、市場のこうした論理が働いているからでもあります。

バルサキャンプ、スクールの次

キャンプ、スクール、ワールドチャレンジの次に考えている構想が、日本での「バルサアカデミープロ」設立です。元々バルサのスクールはFCBEscolaという名前で展開されており、日本語では、バルサスクールと呼んでいました。しかしながら、２０１８年からバルサの世界戦略の中での位置づけがかわり、バルサスクールはバルサアカデミーという名前に統一されました。スクールというとどうしてもビジネス的な色をイメージしてしまいますが、アカデミーという名前に変えたことでより育成機関としての色合いが強くなりました。そして、その流れの中で生まれたのが、バルサアカデミープロです。ご存じの方も多いかと思いますが、ＦＩＦＡは、移籍マーケットにおいて若年選手を守ることを目的に、18歳未満の国際間移籍については、以下のルールを取り決めています。

・両親がサッカー以外の理由で移住した場合
・移籍先のクラブが、移籍元の国の国境から50ｋｍ以内にあること
・ＥＵ圏内パスポートを所持する場合は、16歳からＥＵ内に限定して移籍が可能

これらを満たさない場合は、18歳未満は現実的にバルサのカンテラでプレーすることはできません。久保選手が２０１５年３月に帰国したのも、バルサが禁止事項に関して違反しているとＦＩＦＡが判断したことで、バルサに所属する外国人選手がスペイン国内の公式試合に出場できなくなってしまったことが原因です。

一方で、バルサ国外には当然カンテラでも通用する優秀な選手は沢山います。それは日本も例外ではなく、久保選手の件があってからはバルサも日本を現実的な選択肢として認識しています。しかし、ジュニアユース年代（中学1年生から）に入ると、時間が経つにつれてバルサでは通用

しない選手になっていってしまいます。この問題をバルサは解消する必要があると考えており、それならば、バルサのカンテラコーチを派遣してカンテラと同様の機関をその国に作ってしまおうというのがこのアイデアです。ただし、実際にバルサカンテラに所属できるレベルの選手を海外で何十人も集めることは不可能です。しかし実態をバルサのカンテラと同じ立ち位置にしてしまうと、「バルサのカンテラってこんなものなの?」と思われてしまうため、バルサカンテラとバルサアカデミーの間のレベル設定にしています。そういった概念で設立したのが、アメリカのアリゾナに2017年に設立されたバルサアカデミープロ・アリゾナ校です。

アメリカサッカー協会のユース年代育成を目的としたUSデベロップメントアカデミーと、現地の大学と提携して運営されています。この契約をまとめ上げたのが、5章でもでてきたマルコスなのです。そして、現在はバルサアカデミープロ・ニューヨーク校、バルサアカデミープロ海口校の3校があります。バルサアカデミープロとは、U—13からU—18の選手が対象で、寮を完備し、教育機関と連携した上で、登録チームとして戦うプロ選手養成アカデミーです。さらに、バルサはバルサアカデミープロの選手に対して5人のプロテクト枠を設けており、その選手たちには「現地でカンテラのトレーニングを受けられることができる」という条件がつけられます。もちろんバルサカンテラレベルであれば、18歳時に移籍することも可能となります。つまり、ア

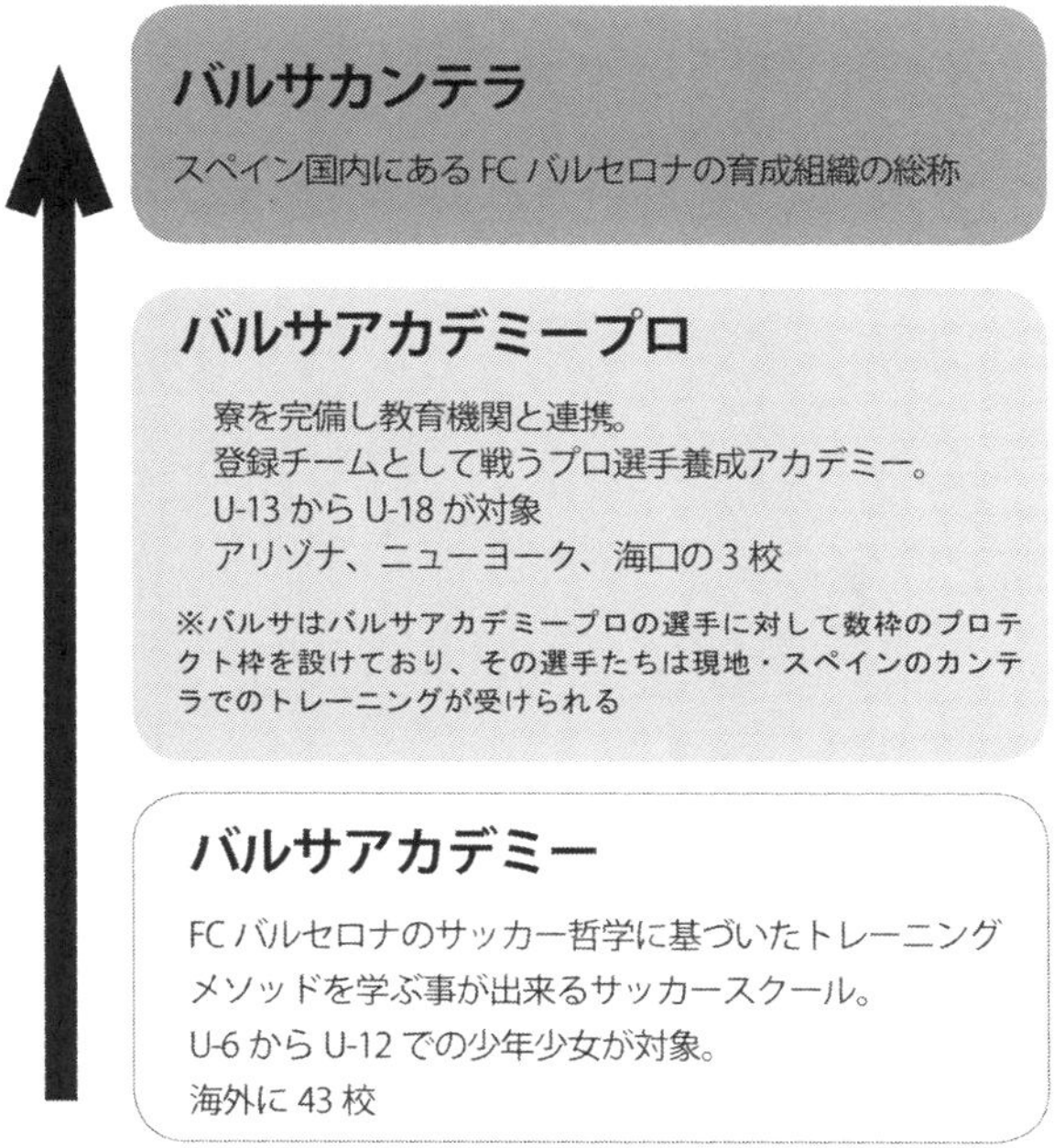
バルサカンテラ
スペイン国内にあるFCバルセロナの育成組織の総称
バルサアカデミープロ
寮を完備し教育機関と連携。
登録チームとして戦うプロ選手養成アカデミー。
U-13からU-18が対象
アリゾナ、ニューヨーク、海口の3校
※バルサはバルサアカデミープロの選手に対して数枠のプロテクト枠を設けており、その選手たちは現地・スペインのカンテラでのトレーニングが受けられる
バルサアカデミー
FCバルセロナのサッカー哲学に基づいたトレーニングメソッドを学ぶ事が出来るサッカースクール。
U-6からU-12での少年少女が対象。
海外に43校

リゾナやニューヨーク、海口経由でバルサに行けるのです。

なぜ、アメリカと中国にバルサアカデミープロを作ったのでしょうか。バルサは世界戦略の中で重点マーケットを決めています。現在は、アメリカ、インド、中国、トルコ、日本の５カ国です。基準はマーケット規模が大きいこと、そして選手発掘、育成をする価値及びレベルのある国です。２０１６年まではカタールが入っていましたが、バルサとカタールの関係悪化により削除されました。

その中でも特に日本は選手の質が高いということ、トップスポンサーがついているということで有望なマーケットと認識され、バルサからも「バルサアカデミープロを日本に作ってくれ」とかなりプッシュされています。このバルサアカデミープロの話はここ2年ぐらいの話ですが、過去と比較して、欧州クラブの発想が大きく変わっていることに気づかれたでしょうか？２０１０年頃まではスクールはあくまでもスクールであり、選手育成とは別物だという認識でした。それが近年ではまず集中的に力を注ぐマーケットを選定し、その国の選手を本気で育て、結果的にトップ選手ができてきたらファン向けのビジネスと強く連動させていく方向性に舵を切っています。ＦＩＦＡが明確に18歳までの海外移籍を禁止し、罰則を厳格化したことにより、スペインに連れてきて育成するという選手育成ありきという考え方から、第三国で選手育成とマーケット拡大を有機的に連動させ、結果的にトップ選手ができてきたら一気にファン向けビジネスに展開していくという戦略をとっているのです。

その流れの中でできてきた発想がバルサアカデミープロであり、13歳から登録チームとしてバルサのユニフォームを着て戦い、バルサのＤＮＡを教育されてきた選手が自国からでてくることは、バルサファンにとっては応援しがいのある選手となるでしょうし、この戦略は理にかなっていると思います。もちろんバルサアカデミープロが育成機関として、本国と遜色ないレベルの質を担保することが前提となりますが……。

そのバルサアカデミープロ日本版を次の構想として実現したいと考えており、というより、バルサから強くプッシュされており、現在どうやって実現するかを思案中です。

バルサアカデミーが日本にできれば、バルサスクール葛飾・福岡・熊本・奈良に所属するトップ選手がアカデミーに集まってピラミッドができ、スクールの数が増えるたびにネットワークが全国に広がってピラミッドはより強力になります。欧州最先端の指導を徹底的に受けた選手は劇的に伸び、プロテクト枠に選ばれた選手はバルサ行きが実現する可能性もあります。もし、人工芝や天然芝を年間を通して独占的に使用ができ、寮完備、さらに教育機関と連携できるような都合のよい施設を知っているという方はぜひご連絡ください（笑）。

6章

もう一つの転機
衝撃を与えた
U-12 ジュニアサッカーワールドチャレンジ

百聞は一見に如かず——本物を見せること

キャンプ・スクール事業と別の視点から、新しい軸として2013年にスタートしたのが、U—12ジュニアサッカーワールドチャレンジ（以下ワールドチャレンジ）です。ワールドチャレンジは、育成年代の強化と国際交流を目的に、バルサやアーセナル、リバプール、マンチェスター・シティ、ACミランなどの強豪クラブをはじめ、海外クラブの下部組織が日本に終結して開催されるU—12世代の世界大会です。日本からは「Jクラブ予選」を勝ち抜いたJリーグクラブの下部組織、「街クラブ予選」を勝ち抜いたJクラブ下部組織以外のサッカークラブ、日本全国の子供たちの中からセレクションで選ばれた街クラブ選抜チームなどが出場しています。

僕が事業を立ち上げるときにどういう発想で進めているかを簡単に記載したいと思います。まず、ビジネス的視点とスポーツ的視点のバランスをとること。基本はまず**スポーツ面でサッカー界に課題として起こっていることをあげていき、その中から自分の手で解決できそうなことをビ**

ジネス的視点を外してピックアップしていきます。その後、以下の優先順位の元、実現性を検討していくのです。優先順位としては、

①子供たち、保護者、指導者が求めているものであるか
②事業として成立するか
③発展性・継続性があるか
④市場へのインパクトがどれぐらいあるか
⑤サッカー界にパラダイムシフトを起こすことができるか

一旦、企画が頭の中で固まったら、ビジネスプランに落とし込んでみて、事業としてのキャッシュポイント、座組みを考えます。ここで大切なのは**自分がわくわくできるかどうか、お金を出してくれた人から感謝されるかです**。

2013年は経営者として飛躍することになるきっかけとなった年なのですが、その理由は2012年までの仕事の仕方から大きく方向性を変えたことにあります。前述のようにキャンプ事業では他社が乱立し、サービス内容も非常に似ているため、自社のポジショニングを考えた場合、結構危険な状態だなと感じていました。昔から付き合いのある方々から見ると違いは明白で

はあるものの、今後マーケットが大きくなるにつれて、自社と他社の違いは見えなくなってくる一方だし、大きな資本をもってマーケットに入ってくる企業があった場合、一瞬にして今の優位性が失われると感じていたのです。

自社のステージをもう一段上にあげるにはどうしたらいいだろうか、そして成長のボトルネックとなっているのは何だろうかと考えました。弊社の育成事業でやってきていた案件はキャンプ事業、スクール事業ともに基本的に受益者負担であるため、外から見れば、つまり穿った見方をすれば、海外クラブのブランドを使って、お金持ちを相手にビジネスをしている人たちと映ります。僕らがいかにバルセロナのメソッドの質が高く、子供たちが喜び、リピート率が30%あるとPRしたとしても、**見たことがない人からすればバルサの育成の質がどれほど高いかは知る由もないし、お金を払って参加しないとわからない**わけで（指導者や保護者の見学は無料かつ、自由でしたが）、そしてその参加者もせいぜい年間に300人ぐらいであれば、良さが広がっていくスピードも限定的と言わざるを得ない状況でした。

一方で、2009年にペップ・グアルディオラがバルサの監督に就任し、3冠を達成したり、ピッチ内の11人全員がカンテラ出身選手という試合があるなど、バルサやバルサの育成に対する注目は日に日に増している状況でした。さらに、2011年には久保選手のバルサ入団や、日本で行われたCWCで圧倒的な強さで優勝をしたこともあり、あとは何をいかなる方法で仕掛けるかという状況で、この機を逃したら次はないと思えました。

スポーツ的視点で言うと、僕は、バルサの育成がどんなトレーニングをしているかを見たい、でもスペインには行けないという人がたくさんいることを認識していました。また、日本サッカー界で常に聞こえてくる声は、「日本人は小学生までは欧州と対等に戦える。しかしながら、18歳に近づくにつれてフィジカルの差が顕在化し、徐々に勝てなくなってくる」という〝常識〟で、この間違いをなんとか修正したいと考えていました（確かにフィジカルの差はつきますが、根本の問題は学びの蓄積が年を追うごとに複利で加速していくことです。例えば、中学1年生で一次方程式を理解できず遅れてしまうと、その後理解できている生徒が積み上げ、加速していく学びに後から追いつくのは非常に厳しいのです）。

そこで考え付いたのがバルサのカンテラを日本に招待し、日本のトップチームを集めてのガチンコのU―12の大会を日本で開くことでした。「バルサを日本に呼ぶ」。その構想は久保選手がバルサに入団した２０１１年ごろからなんとなくですが思い描いていました。久保選手がバルセロナに入団後に起こっていた議論として、「久保くんは本物なの？」というものが数多くありました。いまでこそ彼がプレーしている姿を見れば一目瞭然なのですが、当時はベールに包まれている部分が強く、「プレーヤーとしてそんなに優秀なの？」という声が少なくありませんでした。

また、単純にジュニア年代のバルサがシンプル化されているとはいうものの、トップチームと同じゲームモデルでプレーしている姿を見てもらい、日本サッカー界に現実を知ってもらう、つまり、百聞は一見に如かずというところの一見を作りたかったのです。今でこそメディアでは頻繁にゲームモデルを統一しなくてはならないというようなことが言われていますが、当時はまだ多くの人がバルサのトップチームから7歳のチームまで同じゲームモデルでプレーしているなんてことを知らない人が多かったのです。

お金が先かバルサが先か

この構想が大きく動き出したのは、僕が会社を設立したときから応援してくれている友人であり当時、大和ライフネクストの執行役員であった川村さんに、バルサのカンテラを呼んで大会を開いてみたいという構想を話したときでした。彼はクライフ時代からの筋金入りのバルサファンで、バルサをはじめとした海外クラブの下部組織が集まる国際大会の価値を理解できる人でした

――実際、毎年来日するバルサカンテラの選手の名前と顔を来日前にすべて覚えてしまい、バルサの子たちが来日して挨拶をするときに握手しながら一人ひとりの名前を呼ぶという離れ業をやってのけるので、今ではバルサの育成部門の中では超有名なおじさんです（笑）。

川村さんとは「いつかでかいことをやりたいねー」という話をずっとしていたことから、一緒に大会をやろうよという話になりました。この規模の大会の構想は僕にもまったく経験のないことでしたし、大和ライフネクストの社内で話をしてもらった結果、まず、協力者を集めようという話になりました。偶然大和ライフネクストの社長（当時）である渡邉好則さんの知り合いに電通に勤める方がおり、その方を介してプロジェクトへの協力をしてくれないかと提案に伺いました。しかし「筋はとてもいいけれど、規模が大きすぎる」ということで、なかなか難しいという結果でした。ただ、全面的に協力するよという前向きな回答は得られました。そこで会場の確保や東京都サッカー協会への根回しをお願いしたのです。また、同時にかつてより付き合いのあったサッカーショップ加茂の子会社で、サッカー界では最もノウハウを持っているＪＳＰや東京ヴェ

ルディにも予選会場の確保や運営協力をお願いし、会場の確保については目途がついたのです。

僕は単にバルサの下部組織を招いた国際親善試合をやりたかったわけではなく、バルサ以外の海外クラブやJリーグの下部組織も巻き込んでの国際大会という構想が理想としてありました。

国際大会開催というのは簡単ではありません。日本で開催する国際大会は、日本サッカー協会（以下ＪＦＡ）の承認が必要で、かつジュニアレベルの大会だと県のサッカー協会からＪＦＡに稟議をまわす必要があるのです。つまり、たくさんの人を巻き込む必要があり、そのためにはまず、みんなが「協力したい」と思える大会のフォーマットを作ることが必要で、さらに言うと国際大会開催の許可を取るためにはすべての費用がカバーされ、大会開催に支障がないということを証明しなければなりません。それは結局のところ資金的なハードルでもあるのですが、ここで非常に悩んだのが、お金がないとバルサを呼べないが、バルサを呼べないとスポンサーもつかないというニワトリ卵の問題がでてきたのです。とはいえ、すでに時計は２０１３年1月。

早くしなければバルサクラスのチームとなれば世界中から大会出場のオファーは来ますし、もはや待ったなしの状況でした。このタイミングで川村さんが大和ライフネクスト社内で動いてくれ、電話でこう伝えてくれたのです。「ハマー、バルサがほんとに来るのであれば２０００万まではなんとかなるかもしれないよー」。「え、マジで！　ありがとうございます！」と言ってみたもののバルサに対してはまだ水面下でも打診していなかったため、少し不安がありはしたものの、バルサの招聘にはかなりの自信がありました。

海外のクラブを招聘するときのポイントはいくつかあります。日本で開催されている大会は、多くの場合、まず大会を開きたいということが先にきて、確保できるグラウンド、日程、予算、大会形式をほぼほぼフィックスしてから、さてどのチームを呼ぼうかということに思案を巡らす感じです。そのためチームに提案したときには海外のチームにとっては非常に参加しにくい時期であったりします。そうすると日本での大会ということで1年目はなんとか都合をつけてくれたりするのですが、何年も継続してきてくれるということにはなりません。大会をどうブランディングしていくか、どういうメッセージを持たせるかなど**先に完成形を描いた上で、現実の実態に合わせていくという方法をとるべき**なのです。

例えば招聘するバルサの年代についても、本来であればU—11の大会の方がコストは低くなりますが、ワールドチャレンジはU—12であることにこだわっています。日本でいう小学6年生（U

―12）の学年は、スペインでは9月から中学1年生になります。つまり7人制から11人制に変わり、バルサの1チームの登録選手は中学年代から24人となります。11人制だとピッチの大きさも2倍でコートの確保も2倍となりますし、バルサが自腹で来ることはあり得ませんから日本にチームを招くコストも大きく変わります。そしてそれはバルサだけでなく他のクラブも同様です。

チームの強化の面からも、開催時期の8月末というのはバルサにとってもプレシーズンの時期であるため、そのタイミングで「24人のチームから18人しか連れて行けない」と言われると、強化にならないので参加のメリットがありません。プロのトップチームがシーズン前にプレシーズンキャンプをやるように、この大会をバルサにとってコンディション向上のための場にもしたかったのです。チームで意思疎通を図りながら数日を過ごせて、じっくりと戦術を落とし込める。日本という気候も良く、普段とは違う環境での生活は、子供たちにとっても良い経験となります。日本は絶好のマーケットでもあるので、バルサにも多くのメリットがあります。

また、僕は、スポーツ的には日本サッカーで聞こえてくる間違った価値観を変えたいという部分と、ビジネス的にはジュニアの試合には大きなスポンサーやメディアがつかないというパラダイムを変えたいと考えていました。そのためには、大会を作り、運営するいうことだけでは不十分で、予算、日程、集客、運営、会場、出場チームなどトータルで考え、**最高のものを作ること に対して妥協はしてはいけない**と考えていました。

練習試合のような空気感を作るのではなく、タイトルがかかった緊張感のある大会である必要があり、そのためには観客やＴＶを含めたメディアが来たくなる仕掛けをしなければならないと考えていました。そのため、この大会はバルサをはじめ海外クラブの下部組織がどういうプレーをするのかという部分だけではなく、当時12歳であった久保選手の年代に合わせていました。もちろん久保選手のプレーを日本の人に実際に見てほしいという思いが強かったことが先ですが。ただ、率直に言って、どうやったらメディアインパクトがあるのかを考えたときに、「バルサの下部組織が来ます」だけではトップチームではないので難しい。しかし、「久保建英くんが凱旋する」ということに対しては、メディア的な価値が非常に高いのも事実であるため、大会の継続性を考えたときには、スタートダッシュとしてＰＲ的な要素は不可欠でした。彼をメディアのプレッシャーの元にさらしてしまう可能性もあり、バルサとはその部分については何度も話をし、久保選手へのメディアのインタビューはＮＧということで合意した上で招聘したのです。

紙切れ1枚でバルサが快諾

バルサが来たら2000万まではなんとかなるかもしれない、という川村さんからの言葉を受け、バルサに招待レターを送ることになったものの、仮にバルサが来るとなった場合でも本当にお金がつくのかという部分はかなり不安がありました。というのも大和ライフネクストは大和ハウスグループのグループ会社であり、そんな簡単に2000万ほどの大金の決済がでるとは思えなかったのですが、僕は仮にお金がでなくても、「最悪の場合、すべて自腹でやってしまおう」という思いで、バルサにオファーしたのです。すると、なんとバルサから1週間もしないうちに返ってきました。まだスポンサーも何も決まっていない状態、ましてやこれまで存在していない、言わば架空の大会であるかもしれない大会のことが記載された紙切れ1枚での招待レターに、「大会への参加の意思がある」と快諾してくれたのです。キャンプがあり、スクールがあり、久保選手のバルサ入団があり、その流れで培ってきた信用を実感できた瞬間でした。当時の責任者が、たまたま久保選手の入団が決まる時の最後のミーティングに出てきた、ギジェルモ・アモールという旧知の仲だったということもあるでしょう。

「本当にできるなら、お金はうちが全部出す」 生涯忘れない会食

「バルサが本当に来る」ことを川村さんに伝え、参加承認のバルサからのレターを転送すると、「すげーーーー!」と驚かれましたが、2000万を含めたスポンサードの確約にはかなりの時間を要すことになりました。2000万については最悪、大和ライフネクストのみでもなんとかやりくりできるという金額だったようですが、しかし、本来の構想を実現するにはまだ大和ハウスグループのサポートがなければ資金が足りず、さらにJFAの承認も期限が迫っていました。国際大会は毎月1回あるJFAの理事会にて承認を受けなければなりません。ニュースリリースなどのすべての準備を考慮すると、8月に開催するには5月には承認してもらう必要があります。しかし、理事会に話を通すためには「誰が何のお金を払います」といった、お金をまかなってくれるすべての企業の承認が必要です。スポンサー集めはなかなか進まず悶々とした日々を過ごし、いよいよなんとかしなければマズいという時期に、川村さんが、渡邉社長と、常務取締役(現社長)の石﨑順子さん

との食事会をセッティングしてくれたのでした。

その席での出来事はいまでも鮮明に覚えています。集まったのは赤坂の中華料理店の個室でした。会食も終わろうというころ、石﨑常務がこう僕に尋ねました。「今やろうとしているフォーマットでやろうとするといくらかかるの？」、僕が「4000万ぐらいかかります」と答えると、石﨑常務は、「最終的にうちが全部まかなうと言ったら大会は実現できるんですか」と僕に尋ねます。僕が「はい、やれます」と答えると、「分かった。これはうちがなんとかします。あとは任せておきなさい」と、大会のスポンサードを快諾してくれたのです。

このとき大会資金の全面バックアップを受け入れてくれたお二人と、この場をセッティングしてくれた川村さんには感謝してもしきれません。僕のビジネス人生での恩人だと思っています。そして、現社長の石﨑さんは6年たったこの大会の進化を見て、「1億でも安いぐらいよね。この格の大会はもう作れないんじゃない？」と言ってくれています。それぐらいの価値があると自分でも思っていますし、それも彼らの協力なしにはあり得ませんでした。

久保選手とバルサが与えた衝撃

ついに実現したワールドチャレンジの初年度は、スポーツ育成年代のいち大会では考えられないほどの注目を集めました。メディアでの発信もかなり気をつけていたので、トップチームのプレシーズンマッチでやるような前日の記者会見など、普通の育成年代の大会でやらないようなことも行いました。結果、集まったメディアはグループリーグで25社、決勝トーナメントで41社と、サッカーメディアのみならず多くの一般紙や、NHKをのぞく在京キー局が集まりました。「NEWS ZERO」で特集されたのを見たときには、鳥肌が立つほどでした。朝の情報番組などでニュースを見かけた方もいるのではないでしょうか。

大会そのものはというと、まさに衝撃的でした。「U—12時代のメッシたち」を目撃したような、「なるほど、こういった子たちがヨーロッパのトッププレーヤーになるのだな」とその場に居合わせた全員が感じたと思います。それだけ圧倒的で、バルサの子供たちのプレーは次元が違いました。決勝は約４０００人の観客がぎゅうぎゅうになって芝生のグラウンドに座って観戦し、入場制限をしなければならないほどでした。結果はバルサがリバプールを５―０で下し優勝と圧倒的な実力を示し、以降5回開催したワールドチャレンジでも、４回がバルサの優勝で終わっています。

実際に２０１３年時のバルサのU―12は歴代でも最強で、久保選手をはじめ、大会MVPに輝いたエリック・ガルシア、アドリア・ベルナベはすでにマンチェスター・シティのトップチームでデビューしていますし、久保選手も含めると当時ピッチにいた選手のうち３人が17歳にしてすでにプロ選手としてプレーしています。それ以外の選手も多くの選手が順調にバルサユースまで昇格し、今バルサユースのメンバーを見ても懐かしい名前がたくさん並んでいます。

ちなみにこれは裏話ですが、初開催の２０１３年、バルサの選手を乗せたバスが道を間違えて遅刻してしまい、彼らが出場する予定だった開幕戦の開始5分前に到着するという出来事がありました。どうなることかと思った矢先、彼らはバスを降りてすぐに着替え、アップなしでそのまま試合に臨み、開始40秒で久保選手がゴールを決めて４―０で快勝してしまったのです。これにはほんとにびっくりしました。

U-12 ジュニアサッカーワールドチャレンジ
大会 MVP に選ばれたエリック・ガルシアとともに

バルサの実力は指導者はじめ、サッカー関係者にも衝撃を与えました。Twitter では、「ちょっと無理してでも観に行ったほうがいい」「指導者にとっても大きな意味がある」など、僕の予想を超える反応が多く見られ、これまで情報としては知っていた「育成のバルサ」を現場で実際に目撃することで、「これほどまで違うのか」と圧倒された様子がうかがえました。

僕は、これによってJリーグ各クラブの育成機関が国内だけでなく世界トップレベルを理解し、明確に意識するきっかけになったと思っています。また海外のトップクラブとプロの試合のような空気感の中で試合を行い、かつ工夫次第で付加価値の高い大会が実現できることが証明できたのではないでしょうか。実際に、それ以降育成年代での国際大会が増え、以前よりも海外クラブと真剣勝負をできる機会が増えたと思います。

スポーツ界のアカデミー賞――敗者を慰めるバルサの選手たち

日本国内のジュニア世代において大きなインパクトを残しているワールドチャレンジですが、世界的にも認知される出来事が２０１６年の第４回大会で起きました。大会の決勝でバルサは大宮アルディージャ　ジュニアを１―０で下し優勝を果たします。するとバルサの選手たちは、破れて悔し涙を流す大宮アルディージャの選手たちのもとへすぐに歩み寄り、慰め健闘を称えたのです。

バルサの育成には、サッカー選手としての向上を追求する以前に、選手たちに徹底して伝える次の五つの価値観があります。

Respect（相手と仲間への敬意）
Effort（継続した努力）
Ambition（大きな野心）

Team work（人と助けあう精神）
Humility（謙虚さ）

これらがバルサの下部組織が評価される大きな理由でもあります。バルサの指導者は、サッカー選手である以前に、一人の人間として成長することを子供たちに根気強く求めます。

たとえば、道端に落ちているゴミを素通りした選手がいたとします。するとコーチはその選手に対して、「あのゴミは君が捨てたものではない。だがそれを見て見ぬ振りをすることは、バルサの選手として相応しいか？」と問いかけるのです。子供たちが何かに文句を言いそうになった時は、「ここは日本でバルセロナじゃない。与えられた環境でやるんだ」とも伝えます。またラ・マシア（選手寮）で生活をする選手は学校での成績も厳しくチェックされます。

ジュニア年代ですら選手たちは激しい生存競争の中にあり、ユースまで生き残ったとしてもトップチームでプロとして活躍できる選手は一握りです。さらに、**選手である時間よりもその後の人生の方が圧倒的に長い。だからこそ、バルサの子供たちは社会に適応するためのオフザピッチでの人間性を叩き込まれる**のです。ワールドチャレンジでのバルサの選手たちの振る舞いは、

決勝戦で敗れて悔し涙を流す大宮アルディージャの選手たちを慰めるバルサの選手たち。この振る舞いが世界中のメディアで紹介され、ローレウス世界スポーツ賞のベストモーメント部門の大賞を受賞することになった

そういったバルサの哲学が表れた瞬間でもありました。

このバルサの選手たちの振る舞いは映像とともに瞬く間に世界中へと拡散され、ニューヨークタイムズやウォールストリートジャーナルなど、海外主要国の大手一般メディアで軒並み紹介されました。最終的には、「スポーツ界のアカデミー賞」と呼ばれ、スポーツ界で最も権威ある賞、「ローレウス世界スポーツ賞」のベストモーメント部門の大賞（Best Sporting Moment of the Year 2016）を受賞するに至りました。それを機にワールドチャレンジでは海外クラブにも認知され、いまでは「どうやったら出られるの？」という問い合わせが後を絶たず、自腹を切ってでも出場したいという海外クラブの申し出すら受けるくらいです。

ワールドチャレンジを開催して気づいた意外な好影響

ワールドチャレンジを開催することによって、選手や指導者、クラブ以外にも意外なメリットがあることに気づきました。それは、審判のレベル向上にとっても良い刺激の場となっているということです。日本の審判はよく笛を吹きすぎると言われますが、ワールドチャレンジでスペインのチームの試合をジャッジするときはうまくプレーを流して、ちょうどいい塩梅で笛を吹いています。少しずつトップレベルのスピードに慣れ成長しているのです。

育成年代の試合で、4000人の観客を前に笛を吹くということはそうそうありません。そういう試合で経験を積めばより審判の成長にも繋がりますし、もっと上の舞台で吹きたいと刺激を受けるかもしれません。

日本サッカーのレベルの向上は、様々な側面からのアプローチから実現するものだと思いますが、審判のジャッジレベルの向上もその一つだと考えています。審判が世界基準を意識することで、選手もその基準を意識してプレーします。審判の向上も選手のレベル向上と無関係ではないのです。

世間の信用を勝ちとる

ワールドチャレンジは、僕の仕事人生で起きた大きな転機でもありました。これまでの事業は、自分が提供するサービスに対して顧客にお金を払ってもらう営利的な意味合いが強いものでした。しかし、このワールドチャレンジは、参加チームはほとんどお金がかからずに欧州のトップクラブと試合をすることができますし、選手、指導者、審判にとっても良い勉強と目標になります。JFAも本大会を視察に来て、指導者ライセンスの教材としても利用されていましたし、テレビ中継をしてくださっているスカパー!も放映権料なしで（経費は当然かかるのですが）、放映ができています。素材の二次利用も全部無料です。そして、観客も無料で観戦できます。共同で大会運営をしてくれている東京ヴェルディ（2017年まで）、ガンバ大阪（2018年から）も運営費が支払われる上、ホスト枠として自チームの参加が可能となっています。特別協賛社である大和ハウス工業も、前述のとおり非常に喜んでくれていて、どの方面から見ても誰も損をしない構造になっています。

僕がワールドチャレンジでこだわっていたのは、大会に付加価値をつけ続けることです。初開催の時はどうしても「久保くんの凱旋」を前に出さざるを得ない部分がありました。しかし、それだけでは「久保建英を見せたかっただけ」の打ち上げ花火で終わってしまいます。大会そのものの価値を高め、さらにバルサにも「この大会が強化の場として最適だ」と感じてもらえるように毎年アップデートを繰り返してきました。そしてそれを続けることで、懐疑的な見方をしている人もいた弊社の育成事業に対する周囲の評価も変化してきました。

キャンプやスクールをとっても、**「本物」を我慢強く提供し続ける**ことで、事業スタート時に最初にあった「費用が高すぎる」という批判もなくなり、逆に金額を下げるとクオリティーが落ちるから下げないでくれと言われるほど、いまではそれが標準的な価格として浸透しています。キャンプ・スクール事業も保護者の方々から非常に高い評価を得ています。

各クラブも所属選手に対して「チームの練習と被らなければ参加していいよ。アメージングがやっているやつでしょう?」と弊社のトレーニングへの参加を容認してくれるチームがでてくるなどさまざまなクラブと良い関係を築けるようになってきました。

「人の評価は3年たってやってくると」と言われますが、育成事業をはじめて10年がたって、ようやく少しずつ世の中からの信用を築けてきたと感じています。

全国どの地域、どのクラブ、個人でもチャンスがある

12チーム（Jクラブ8、東京都選抜1、欧州クラブ2チーム、東南アジア1チーム）を招待してはじまった2013年のワールドチャレンジですが、以下のとおり、毎年少しずつフォーマットを変えています。

2013年：12チームで開催、海外クラブ3、予選なし。
2014年：16チームで開催、海外クラブ3、予選なし。街クラブ抽選開始
2015年：16チームで開催、海外クラブ4、予選なし。Jリーグが後援開始
2016年：16チームで開催、海外クラブ2、Jクラブ予選開始、街クラブセレクション、

エキシビションマッチ参加、スカパー！によるＴＶ中継開始、復興支援枠提供

２０１７年：24チームで開催、海外クラブ５、北米予選開始、街クラブ予選開始、街クラブセレクションリーグ戦・エキシビションマッチ参加、

２０１８年：24チームで開催、海外クラブ５、大阪に会場を変更、ラリーガと提携

２０１４年には16チームに拡大。街クラブ抽選枠を追加し、全国どこの地域にいてもどのレベルであっても大会に抽選で参加できる可能性があるという仕掛けを行いました。２０１６年には全国どのクラブチームにいても個人で欧州クラブと対戦できる街クラブセレクションという企画を立ち上げました。子供たちが大会の存在を知ったとしても、チームの監督が抽選に申し込んでくれない限りは大会に参加できる可能性がないのはかわいそうなので、個人でもセレクションに合格すればいきなりバルサなどと対戦できるという仕掛けです。

この夏に前述のバルサ対大宮アルディージャの映像が世界中に拡散されたことをきっかけに海外クラブからワールドチャレンジにでたいという連絡が頻繁に入ることになり、２０１７年大会からは24チームに拡大します。この年から全国的に街クラブ予選、Ｊクラブ予選、さらに北米予選を行うことで、世界中のあらゆる場所から本大会を目指すという方向にシフトしていきます。

２０１８年は会場を東京から大阪に変えたため、フォーマットは敢えて変えずクオリティーコントロールしつつも、ラリーガと提携し、MOST IMPRESSIVE TEAMをラリーガ最高峰の大会に招待するという形で世界大会化を意識して運営を行いました。

２０１９年以降は、北米予選は継続しつつ、中国において東アジア予選、現時点では開催は未定ですが、東南アジアなど他の地域での海外予選、ナイジェリア選抜チームの参加を検討しています。また、さらにフォーマットを拡張し、参加チームを32チームに拡大する予定で、国際大会としての影響力をさらに高めていきたいと思っています。将来的には国内の街クラブ予選、Ｊクラブ予選を全国各地で行い、さらに世界中の予選から勝ち上がったチームが名実共にU－12の世界一を決める大会、クラブワールドカップのジュニア版がワールドチャレンジの理想形です。

どこのチームにいても（街クラブ予選やＪクラブ予選）、そして個人であっても（街クラブセレクション）、本人が望めばワールドチャレンジに出場ができ、世界のトップクラスの選手たちと戦える機会が得られれば、**選手のサッカーとしての経験だけではなく、人生の経験としても強く心に残る機会になる**のではないかと思います。また、クラブワールドカップ化に成功すれば、フォーマットとノウハウを生かして別の年代カテゴリの大会に応用することも可能になるでしょう。

7章
日本社会の課題をスポーツで解決するビジネスモデル

日本の課題である地方創生をトップアスリート育成、スポーツツーリズムで実現する

ここまで読んでこられた方は、僕が、バルサを軸として、オンラインショップ事業、サッカースクール事業、サッカーキャンプ事業、大会プロデュース事業などを運営していること、またそれぞれの事業間でシナジーを生み出す意図があることは理解いただけたと思います。本章では、最終的には何を目指し、どういう戦略でビジネスモデルを構築しているかについて書いてみたいと思います。僕が実践してきたことをそのまま真似しようとしても市場環境も違えば、タイミングも違うので、正直再現性があるわけではないです。そのため、本書の読者には、**人生でやりたいこととビジネスをどう連動させるのか、またそれをどう仕組み化していくのか**という部分にフォーカスして説明したいと思います。過去、ビジネスモデル構築の方法をオープンにしたことがないのですが、スポーツビジネスで起業したい人や、すでに起業しているもののなかなかうまくいかないというような方の一助になると嬉しく思います。

まず、全体を捉えていただくために現在の弊社の事業規模を説明したいと思います。弊社は、2018年4月決算実績で、100％子会社のミライク（エコノメソッド事業）を入れると売上6・5億円。2019年4月期決算予想でいうと売上8・7億円ぐらいの数字になります。また、社員は2019年2月現在32名です。前述のとおり、2010年の決算では売上が1・8億円だったことを考えると、丸8年で約5倍に事業規模が拡大していることになります。起業してから8年目までぐらいは、会社の規模感として売上2億円ぐらいが、自分が回しきれる範囲だと考え、自由に自分のやりたいことをやるためにはあまり拡大しないほうがよいという考えでした。しかしながら、実際には会社を大きくする方向に舵を切る自信もノウハウも持ち合わせてなかったという方が正解に近かったと思います。そういった時期に手にとった本が、『売上2億円の会社を10億円にする方法』という、船井総研ホールディング出身のトップコンサルタントである五十棲剛史氏が書いた、売上2億円から10億円を目指すための会社の基本設計図を構築しなおすという本で、この本を参考に2020年4月決算で売上高10億円、経常利益率5％というKGI（重要目標達成指標）を設定し、そこから毎年の社員研修旅行時に1年ごとのKGIとKPI（重要業績評価指標）に落とし込んだ上で、ビジネスモデルを構築していくことにしました。6章で、U

―12ジュニアサッカーワールドチャレンジの立ち上げの前に、「自社のステージをもう一段上にあげるにはどうしたらいいだろうか、そして成長のボトルネックとなっているのは何だろうかと考えました」と書きましたが、まさにこのタイミングで自分の価値観を実現するための未来を開く決断をしたのです。

ただ、弊社のビジネスモデルは儲からないことで有名な労働集約型のスポーツビジネスですので、これまでと同じやり方で売上10億円という未知の世界に到達するのはほぼ不可能だという結論に達しました。そのため、根本的にやり方を変えること、また仕組み化していくことを念頭に置きながら、さまざまな経営手法やマーケティング手法を勉強し、自社の事業に取り入れられるものはすぐに取り入れていきました。もちろんうまくいくこともうまくいかないこともあるのですが、うまくいかない場合は、そのうちうまくいくなどと楽観的に考えずに、高速で起動修正していきました。その結果、どん底だった２０１０年と比較して、事業規模が約5倍に成長したのです。

以下、僕が行ってきたビジネスモデル構築の手法について、5つの項目（1．理念を明確にする。2．ＬＴＶ＝顧客生涯価値を意識する。3．カスタマーサクセスを仕組み化する。4．事業をスケールさせる。5．日本社会の課題解決と連動させる）にわけて書いていきたいと思います。僕の発想の根本的な部分は、先にビジネス手法を考え、そこから現実に落とし込むのではなく、本当に必要としている人たち（子供たちや保護者）に対して、何をどのように提供してあげられるかということに真剣に向き合うこと、そして、彼らの成功を自分が描きたい未来とシンクロさせた上で、ビジネス手法に乗せていくのです。以下の1～5のビジネス手法の項目の横に僕の事業ではどう置き換えたかという部分を記載しました。

では、各項目を見ていきましょう。

1．理念を明確にする（人生をかける価値があると〝現段階〟で言えるものは何かを見極める）

売上高10億円を達成するためには、根本的に仕組みを変えていく必要があると考えた僕は、自分という人間を見つめ直すことからはじめました。何にわくわくし、どういう価値観が好きで、どういう価値観が嫌いなのか、お金を払ってでもやりたい仕事、お金を払ってもらってもやりたくない仕事はなんだろうと。そこで、これまでの人生や、やってきた仕事の中での自分の価値観をたどっていくと、自分の人生においての大きな後悔はサッカーに対して本気で取り組まなかったことでした。当時は一生懸命やっていたつもりでも、実際は一生懸命のベクトルをどこに向けるべきかが全然わかっておらず、ただ、毎日〝普通〟に一生懸命サッカーをしていたのです。そこで辿り着いた答えは、**自分がしたような悔しい経験を、今サッカーに一生懸命取り組んでいる子供たちに味わって欲しくはない**ということでした。そしてサッカーをしている子供たちがプロサッカー選手になるという夢を叶える確率を高めるサポートをしていくというところに人生をかけていきたいと思ったのです。

ただ、サッカーというスポーツでは、プロ選手になれる確率は1万分の1といわれており、ほとんどの選手がプロ選手にはなれないスポーツです。1万人いたら、9999人がプロサッカー選手以外の道へ進むのです。だから、子供たち一人ひとりが毎日楽しく、真剣にサッカーに取り組む中で、その子のセルフイメージを高め、本来持っている才能をうまく引き出すことが大切なのです。その上で、まるでその子自身が自分の力でたどり着いたかのように感じさせてあげなががら、指導者、保護者とも連携し、導いてあげることが必要で、結果としてプロになれなかったとしても、その子がやってきた道にその子自身が納得し、「最高の自分にたどり着いた」「何の悔いもない」と感じられれば、その子は将来、他の分野でも十分活躍でき、それこそ世界に通じる自立した大人になることができる。つまり、僕が取り組むべき課題は「**一流になるための取り組み方を、サッカーを通じて学び続けられる仕組み**を事業として組み立てる」という結論に達したのです。

よく、企業理念が大切だと言われますが、僕は、何を為すにしても、自分の人生の理念が最も大切で、この軸が土台としてしっかり根付いていないと、厳しい状況が訪れたときに踏ん張れないと思うのです。ただ、自分の価値観というのは時とともに変化していきます。新しい価値観が芽生えたら、その時に軌道修正すればいいのです。この新しい価値観というのは、基本的に、すでに自分の中にある価値観をさらに深めたもの、または、発展させたものであるので、**自分の中に価値観の進化が現れたら、〝自分は成長したんだ〟と思うこと**が大切です。

2. Life Time Value（顧客生涯価値）を意識する（一流になるための取り組み方を、サッカーを通じて学び続けられるビジネスモデルを作る）

ＬＴＶ（顧客生涯価値、Life Time Value）という言葉を聞いたことがある人は多いのではないでしょうか。ＬＴＶとは、経営用語の一つで、企業にとってある一人の顧客が生涯にわたって、企業にもたらした価値の合計を言います。企業にとっては新規の顧客を獲得するコストは年々高くなっており、現状の顧客を維持していく方が、会社にとって多くの利益をもたらすため、昨今では注目されている指標です。

『売上2億円の会社を10億円にする方法』には、「社長は現場に絶対出てはいけない」と記載があったのですが、元来僕は現場が大好きなため、バルサキャンプやエコノメソッドキャンプをはじめとする様々な現場で責任者として、運営や通訳を実際にやってきました。現場にでると子供たちや保護者たちと頻繁に会話をしますし、例えば、キャンプやスクールでは子供たちから自分のプレーの課題だったり、今後の進路のことだったり、様々なことを質問されるのです。

例えば、バルサキャンプでは「今回学んだバルサのサッカーを地元に帰ってても継続してやっていきたいのですが、バルサスクールを関西に作ってもらえませんか?」とか、「うちの子は今小学6年生で今回が最後のキャンプになるんですが、中学生になったらスペインに短期留学させたいのですが、そういうのは手配できませんか?」とか、「バルサで学んだサッカーと自分が所属しているチームでは真逆のことを言われることがあるのですが、どうしたらいいですか?」※などなど多岐にわたります。

（※正解は監督に従うです。監督が志向するサッカーと異なるサッカーをすると評価されないため。日本代表選手もクラブでのプレーと代表でのプレーは求められるプレーが違いますが、それぞれの監督に従うのが当たり前です。サッカーというスポーツはさまざまな考え方があり、それぞれにリスペクトすることが自分のプレーの幅を広げることにもつながります）

こうやって話を聞いていくと、同じことを頻繁に聞かれることが発生します。特に多かったのが、スペインにサッカー留学したいという意見です。当初、弊社ではサッカー留学は事業として行わず、頼まれたときだけ手配するという形をとっていました。そんな中、小学校2年生でバルセロナキャンプに初参加し、その後、毎年バルサキャンプに参加してくれていた子が、小学校6年生夏のキャンプが終わったときに僕のところへ来てくれました。「実は、2年生から毎年参加して、今年で最後なんです。今まで本当にお世話になりました」と。僕はこの時に、縁があってずっと成長を見守ってきた選手と今後は接点がなくなることがすごく残念だったこともあり、何とかしてこれまで関わってきた選手たちに対して、中学生以降も成長をサポートする仕組みを作れないかと考えていました。そのため、スペインへのサッカー留学というのも選択肢に入れていたのですが、当時は現地の手配なども含めて非常に手間がかかることや、人的リソースの問題なので、会社として取り組むことができていませんでした。

しかしながら、LTVをどうやって高めていくかということを考えると、これまでは子供たちや保護者とどれだけいい関係値が築けたとしても小学校6年生までの関係でしかなかったものが、中学生以降も顧客であり続けてもらうことができ、その上で子供たちの成長に関わり続けることができるという仕組みは、非常に意義のあることだと判断し、サッカー留学部門を立ち上げました。（現在は留学・遠征事業部）

それ以降、小学校卒業以降の子供たちに対して、プロになるまでの中高の6年間どういった形で成長をサポートしながら、事業として成立させるかがテーマとなっていきます。

3．カスタマーサクセスを仕組み化する
（才能ある選手たちが切磋琢磨し、より成長できる仕組みを作る）

カスタマーサクセスとは読んで字のごとく、カスタマー（顧客）のサクセス（成功）のことで、自社のサービスを利用中のユーザーが、利用する上で感じる疑問や問題点を先回りして、課題の解決法や情報などを提供し、成功へと導くことをいいます。弊社の事業に当てはめると、サービスとはサッカーのことで、顧客とは選手であり、成功とは一人の選手が、自身のサッカー選手としての才能や人間としての成長を最大限に引き出した上で、社会人を迎えることだと考えています。このカスタマーサクセスをどう仕組み化し、事業として成立させようとしたかを見てみましょう。

子供たちの成長を継続的にサポートしていきたい、でも、参加者に経済的負担をあまりかけない仕組みを構築したいということで考え付いたのがＡＳＬＪトップエリートプログラム（ＡＳＬ

Jミリオンドリームズプログラムに改称予定）というプログラムでした。

弊社はバルサアカデミー（5校）、エコノメソッドスクール（9校）を含め、年間4000人ぐらいの子供たちと関わりがあるのですが、その中でも将来的にプロ選手になれる可能性のある選手をそれぞれのスクールなどから推薦してもらい、推薦された選手のみでトレーニングを行うという仕組みです。そして、その選手たちの中からレベルによってグループを4つぐらいに分けていき、その後の成長をサポートしていくというプログラムを行っています。一番上のASLJプロというカテゴリーの選手は、弊社が行うあらゆるプログラムに無料で参加できるだけでなく、弊社が2011年～2017年にかけて久保建英選手に対して行っていた、試合の俯瞰映像からプレー分析をし、個別での改善トレーニングを行うプレーコンサルティングや、食育など、選手が成長する際に必要となってくるさまざまなサポートを無償で受けられるのです。また、ASLJ特待生は全プログラム50％引きなどという形でレベルによって割引率を変えるということを行っています。いわゆるJFAが行っているトレセンのような仕組みなのですが、選手の評価は基本的に欧州のトップレベルでスカウティングをしているレベルの指導者であり、定期的に行っているトレーニングを見た上で、その選手のレベルがあがればサポートレベルがどんどんあがっていき、また成長できていない選手はサポートレベルが下がるというように選手同士が切磋琢磨

し、成長していける仕組みとなっています。(200ページ・図参照)

このプログラムの狙いは、いくつかありますが、まず選手のフィジカル的要素は18歳ぐらいまでにだいたいそろってくるというところから、現在のフィジカル的要素は考慮せず、選手評価の基準がインテリジェンスや学ぶ姿勢であるところです。日本のトレセンでは、フィジカル的要素が重要視されますし、トレセンコーチの影響力によって、選ばれる選手が偏るという問題が起こっていますが、そういった状況から完全に独立しているため、「将来の伸びしろ」という本質の部分のみの評価で選手を選出できるところです。また、小学校時代にプログラムに推薦された選手は中学生以降もU—15カテゴリーで招集されるなど、長期かつ、定期的に自分の現在の立ち位置が確認できることです。さらに、このプログラムに選ばれる選手のほとんどがバルセロナやエコノメソッドのスクールかキャンプ出身の選手であるため、どの選手も基本的に同じゲームモデルでのトレーニング経験があり、またキャンプなどでMVPに選ばれた選手も多いため、選手の戦術理解度が高く、トレーニングの深みが全く違うところです。

このトップエリートプログラムは2015年に立ち上げたのですが、選手たちとトレーニング

ASLJ トップエリートプログラム

※選手のカテゴリー変更となるレベルチェックは、トップエリートクリニックだけでなく、自チームでの試合などをチェックし、半年に一回（10月及び4月）改訂されます。

《ASLJ トッププロ》
①遠征：無料
②個人コンサル：無料
③個別トレーニング：無料
④キャンプ：無料
⑤サポート：サッカー面、その他含むトータルサポート
≪ ASLJ 特待生≫
①留学・遠征：有料
②個人コンサル：無料
③トップトレーニング：無料
④キャンプ：通いプラン 50%引き
（宿泊費は実費）
⑤サポート：サッカー面、その他含むトータルサポート
≪ ASLJ 準特待生≫
①遠征：一部割引
②個人コンサル：有料
③トップトレーニング：有料
④キャンプ：バルサキャンプ 40%、エコノメソッドキャンプ 25%引き
（宿泊費は実費）
⑤ サポート：基本サポート＆アドバイス
≪ ASLJ アドバンスプラス≫
①遠征： 有料
②個人コンサル：有料
③トップトレーニング：有料
④キャンプ：バルサキャンプ 30%、エコノメソッドキャンプ 20%引き
（宿泊費は実費）
⑤ サポート：基本サポート＆アドバイス
≪ ASLJ アドバンス≫
①遠征： 有料
②個人コンサル：有料
③トップトレーニング：有料
④キャンプ：バルサキャンプ 10%、エコノメソッドキャンプ 10%引き
宿泊費は実費）
⑤ サポート：基本サポート＆アドバイス

を重ねるごとに、フランスの国立サッカー養成所であるクレールフォンテーヌのような機関を立ち上げ、トップ選手たちがチームとして日本で戦っていける仕組みを作れないかと思うようになりました。というのも、このトップエリートプログラムに参加している選手は通常自分の所属するチームでプレーしているため、それぞれが全く異なった環境、かつ異なったゲームモデル下でトレーニングしている選手だからです。僕は、選手のプレー向上が加速するためには、同じゲームモデルの中での原理原則の積み重ねを行っていく必要があると考えています（先日、カタールがアジアカップで優勝しましたが、彼らはアスパイヤーアカデミーというエリート選手養成機関で同じゲームモデルの中で10年以上もプレーしてきた選手です）。僕はこれを自前で作りたいと考えているのです。

僕は、本気で取り組みたいことができたら、「誰かやってよー」というのではなく、「誰もやらないで。僕がやるから」という人間なので、すでにこの構想の実現について水面下で2017年から動いていました。それが、この4月から立ち上がるグランデアメージングアカデミー山梨です。このチームは元々ヴァンフォーレ八ヶ岳という名前で、ヴァンフォーレ甲府と提携チームでしたが、世界に通用する選手を輩出したいという代表の田畑雅宏氏から提携の話をいただき、エコノメソッドを全面的に導入するというアカデミーとなりました。

※エコノメソッドとは

5章でも記載しましたが、本章では、何度もエコノメソッドという名前が出てくるため、ここでエコノメソッドについて説明します。弊社では2007年以降バルサと育成関連事業を広げていきながらも、2011年以降、サッカーサービスバルセロナ社というバルセロナに拠点を置く、サッカーのプレー改善コンサルティングやメソッド構築のプロ指導者が運営する会社とライセンス契約をし、日本で事業を展開してきました。エコノメソッドとは、そのサッカーサービスバルセロナ社が提唱するメソッドで、エスペラント語で「認知」や「インテリジェンス」という意味です。サッカーサービス社は、3人の欧州トップクラスの指導者によって設立されました。ジョアン・ビラ氏（バルサのカンテラで14年指導者をし、その後サッカーサービス社を設立。2011年に同社を退くも、その後2018年6月までバルサのメソッド部門責任者をつとめた）、カルラス・ロマゴサ氏（バルサのカンテラでジョルディ・アルバやピケを指導し、サッカーサービス社に籍を置くかたわら、2018年6月までパリ・サンジェルマンの育成ダイレクターをつとめた）、ダビッド・エルナンデス氏（サッカーサービス社に籍を置くかたわら、カタルーニャサッカー協会のテクニカルディレクターをつとめ、その後2018年6月までパリ・サンジェルマンでメソッド部門責任者をつとめた）、彼らは、同社を立ち上げる前の1995年～2005年、8歳～18歳の少年に対して、どういう指導をしたらどういう選手が育つかということを研究し、その結果、以下の①～④の方法で指導していくエコノメソッドを生み出しました。

①サッカーはサッカーをすることによってうまくなるという考えの元、グローバルトレーニング（ゲーム形式によるトレーニング）を行う。（一方で、日本でよく行われるコーンドリブルのような判断の伴わないドリル形式のトレーニングはアナリティックトレーニングといわれる）。

②ピッチ上で、状況把握（認知）することをあらゆる指導のベースとする。

③Descubrimiento Guiado（スペイン語でデスクブリミエント・ギアードと読む。日本語に訳すと、「ガイドによる発見」）と呼ばれる、子供たちに質問を投げかけ、子供たちが自分で考えた上で、答えに辿り着くように誘導していく手法でのトレーニングを行う。

④サッカーの原理原則一つひとつコンセプトという形で分解し、コンセプトごとに一つずつトレーニングしていく。

僕が彼らと事業を始めた２０１１年以降、このエコノメソッドの手法が多くのトップレベルの選手たちに支持されてきました。特にエコノメソッドの真骨頂は、選手へのプレーコンサルティングという手法で、選手が試合を行っている俯瞰映像を3試合ほど準備し、選手が得意なプレー、改善の余地があるプレーを抽出し、選手と映像を見ながら座学でのコンサルティングを行い、さらにグラウンドで改善トレーニングを行うという手法です。（２０６ページ参照）

久保建英選手は非常にインテリジェンスの高い選手として有名ですが、２０１１年〜２０１７年までこのコンサルティングを継続的に受けてきたことも大きく影響していると思います。このプレーコンサルティングは過去にも10人以上のJリーガーが受けており、現在日本代表でプレーする選手の中にも過去にプレーコンサルティングを受けた選手がいます。また、昨年末にニュースとして大きく流れたので、ご存じの方もいると思いますが、アルビレックス新潟のアカデミーがエコノメソッドを全面導入し、アルビレックス新潟アカデミーのゲームモデルだけではなく、このプレーコンサルティングのプログラムが導入されることになりました。こういったトップ選手向けのプログラムとは別に、現在では関東と関西でエコノメソッドスクールを9校、エコノメソッドキャンプを夏・冬と展開しています。

プレーコンサルティングレポート

個人レポート

攻撃

0. 認知

0.1. 体の向き
0.2. 情報収集

1. ゾーンにおけるポジショニング

1.1. 攻撃に深みを与える
1.2. 中央部でのプレー参加
1.3. エリアを抜け出るタイミング

2. 攻撃の展開

2.1. ボールを受けるためのスペースの作成
2.2. センターバックの裏を取る動き
2.3. チームが前進、展開するためのポストプレー
2.4. 状況に応じた2種類のデスマルケ
2.5. 味方のためのスペースを作る動き

3. サポートを実行する

3.1. 中盤の選手がボールを持った際のサポート(1ライン)
3.2. ディフェンスラインがボールを持った際のサポート(2ライン)

4. サイドからの攻撃 -センタリング

4.1. センターバックの背後をとる
4.2. 方向に変化を付け相手のマークを外す
4.3. ボールの軌道を読み、入っていく
4.4. シュートを打ちやすい場所をつく

5. ファイナルサードでのフィニッシュ

6. プレーの継続

7. 起こりうるプレーの予測

8. フォワードに必要なコントロール

9. ボールをキープする

守備

1. スペースの守備

1.1 中央を通されるパスのケア
1.2 センターバックに持ち出させないためのチェック
1.3 サイドに追いやる
1.4 中央部を通しての逆サイドへの素早い展開をケアする。
1.5 ボランチまでボールが来た際には下がってディフェンスをする

2. ボール保持者に対するディフェンス

3. 攻守を交代する

プレーコンサルティングレポート

2.1. サイドからの攻撃 –センタリング

ボール保持者（1のエリア）

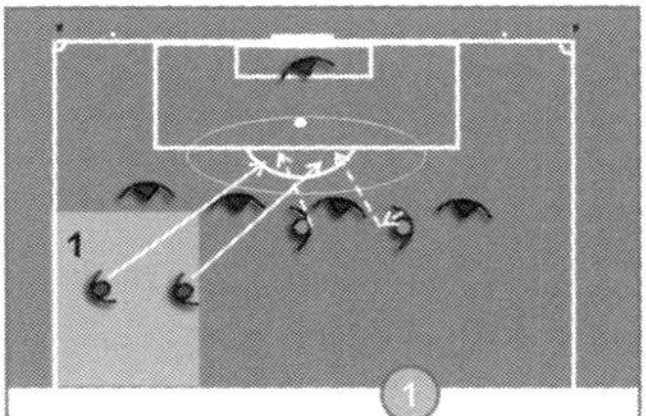

1. ディフェンスの視野から消える

2. ボール保持者に対してダイアゴナルに構え、その際ボール保持者に位置に合わせて幅は変える。

3. ディフェンスの背後をつく（セカンドセンターバック、もしくは両センターバック間の間）

4. フェイントを使いながらゴール前に入っていく。サイドに向かってマークを外す動きは行わない。

*相手チームのバランスが崩れたところを利用する

ボール保持者（2のエリア

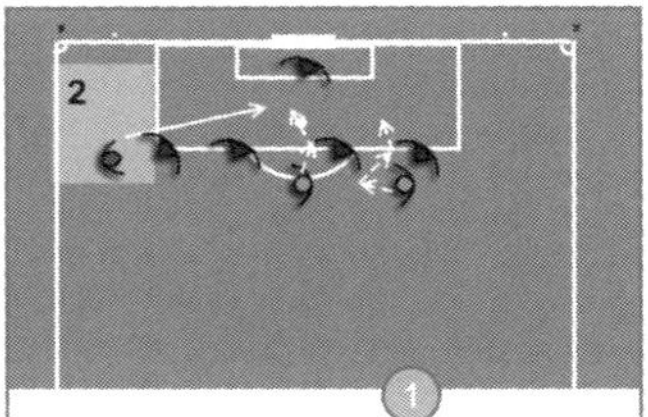

1. ディフェンスの視野から消える

2. ディフェンスが近くにいる場合進行方向を変えるフェイントをとる

3. ゴール前のシュートポジションまで全力で入っていく。この際腕を使いながらスペースを確保する。

エコノ・メソッドによるプレーコンサルティングレポート
※特定の選手の例ではなく、一例です。

グランデアメージングアカデミー山梨の寮

少し話がそれましたが、このエコノメソッドを導入するグランデアメージングアカデミー山梨のクラブ運営等については代表である田畑氏が行い、弊社はパートナーとしてクラブ運営のコンサルティングを行う形になっています。このアカデミーでは元々存在している街クラブを残しつつ、2019年の中学1年生の選手を全国からセレクションするという形で募集し、自前の寮を完備しています（元々企業の保養所として作られたものの、利用されずに放置され、老朽化した施設を改築し、選手寮として利用）。

こういった形で、アカデミーを展開する構想に至ったのは、バルサやエコノメソッドなどの弊社のスクールやキャンプに来てくれている選手たちから共通してお願いされる要望を形にしたいと考えたためです。常々言われるのは、小学6年生までは欧州トップレベルの指導を受けられる環境があるのでよいのですが、中学生になったとたんに急激によい指導者が減り、旧態依然とした指導しか受けられない状況が起こるということです。一方で、中学生向けのスクールはほぼ存在しないのです。そのため、なんとか自分たちで欧州からトップレベルの指導者を招聘し、最先端の指導が受けられるジュニアユースを設立したいと考え、動きだしたところで、田畑氏からの話があったのです。当然、山梨のド田舎（失礼！）で寮完備、そしてエコノメソッドから派遣されるコーチが常駐するということから、経費は街クラブとしては考えられないぐらいかかります。その分月謝や寮費も高いため、選手が全く来てくれない、もしくは来てくれてもレベルが低すぎるということだったらどうしようと心配していたのですが、蓋をあければ、全国から優秀な選手が集まり、そういった心配は杞憂に終わりました。

現在、初年度の入団選手が全員決定し、全合格選手の中で辞退者は1名と、子供たちからの期待を強く感じます。選手のレベルとしては、Jリーグの下部組織のオファーを断ってくる選手も何人かおり、また、前述のトップエリートプログラムに参加している選手が何人か入団することが決まっています。このチームが数年の間に関東クラブユースU—15で優勝争いをするようになれば、日本全国で新たな進路として、全国的にこの手法を広げていけるのではないかと考えています。

また、第5章でも言及した、バルサアカデミープロという展開も同時に行っていく予定です。バルサアカデミープロの場合は、よりバルサ側の論理がメインとなること、要求される施設基準が高いため、自治体とも大きな枠で連携していく体制を整えないと難しいとは感じていますが、5年以内には実現したいと考えています。このようにアカデミーを設立できる可能性が顕在化した場合、地理的状況、自治体との関係、施設の規模感などなど様々な前提条件を考慮した上で、その場所に最も適したアカデミーの体制を整えるというのが現在描いている未来になります。

4. 事業をスケールさせる（子供たちが進路選択の過程で、たくさんのオプションから選べる仕組みを作る）

僕が人生をかけてやりたいと考えている、「世界に通じる自立した大人をつくっていく」ための、「一流になるための取り組み方を、サッカーを通じて学び続けられる」という仕組みを作るところは今後も続いていくのですが、前述のグランデアメージングアカデミーのようなアカデミーが

1つだけでは、1学年20名強ほどしか選手を受け入れられないため、子供たちにとっては進路として選べるオプションが少なすぎる、つまり、需要に対して、供給が追い付かないということが今後発生してきます。ただ、今の会社の規模感ではグラウンドを作ったり、選手寮を建設していくようなことは至難の業なので、会社の事業をスケールさせていく必要がでてきました。

実績部分でいうと当初のKGIであった２０２０年４月期の売上高10億円、経常利益５％という部分までは、なんとかクリアできそうな規模感に到達しています。そのため、ここからは10億円規模の会社にするビジネスモデルから、30億円規模の会社を目指すためのビジネスモデルについて少し説明していきたいと思います。

今、日本は国家として人口が減少しているだけではなく、都市に人口が集中し、地方との差はどんどん広がっています。また、高度成長期に作った施設は老朽化してきています。政府は声高に地方創生を唱え、さらにスポーツを成長産業として位置づけ、２０２５年までに15兆円のマーケットを作り、その中でも特にスポーツツーリズムを活用して消費行動を促すということに力をいれようとしています。一方で自治体はそのためにどういうスポーツコンテンツを持ってきて、どういう仕組みを作れば地域が活性化するかということについてアイデアをほとんど持っていません。例えば、廃校活用といっても人がいないから廃校になっているわけで、そこに人を呼ぶには、地域外からも人が集まるコンテンツを作ることが必須であるにもかかわらず実際には地域のコミュニティーセンター的な使い方しかできていないところも数多くあります。

僕はグランデアメージングアカデミー山梨を立ち上げる際に行った、老朽化施設を再生し、トップレベルのコーチを招聘するという方法や、バルサアカデミープロというトップレベルのコンテンツを利用して、地方に人を呼び込み、地方の町から継続的にトップアスリートを生み出していく仕組みを作りたいと考えています。具体的には日本の10地域（北海道、東北、北信越、関東、東海、関西、中国、四国、九州、沖縄）にサッカーだけではなく、あらゆるスポーツのトップ選手育成アカデミーを作ること、そしてトップアスリートが育つノウハウ、データを教育に転換していき、**アスリートだけではなく、大人になったときに自ら日本を変えていきたいと強い意志で行動する子供たちを育成したい**と考えています。アカデミーでは、選手寮のルールなども、選手たち自身が将来トップアスリートになるためには、というところから逆算し、今何をすべきかということを自分たちで話し合い、寮のルールを自分たちで決めて実践すること、またルールは自分たちの力で変えて行くことができるという考えの元、定期的に自分たちの決めたルールの見直しを図るというようなボトムアップの手法をとっていく予定です（現在は欧州でもボトムアップが主流となりつつあります）。また、アカデミーから育ったトップアスリートが引退後、指導者や、職員として戻ってこれるようにするため、自治体や地域住民と連携し、アカデミーを中心としたコミュニティーを作っていくことを考えています。

地方の人口流出は深刻ですが、グランデアメージングアカデミー山梨では、新中学1年生19名の選手が市立の小淵沢中学校に転入することになっています。この中学の新1年生は元々54名で、ぎりぎり2クラスですが、19名が入学することにより、一気に1年生の生徒が73名になるのです。75名になるともう1クラスできることから、教育委員会からは「もうあと2人なんとかなりませんか？（笑）」と聞かれるほど、生徒が増えるということが地方の町にとっては大きなインパクトであると思うのです。

もしかしたら人口減で廃校にするかどうかを検討しなければならない状況だったとしたら、今後さらに2年で40人弱の子供たちが転入してくるということがどれだけインパクトがあることであるかは想像いただけると思います。

ただ、そうやって全国的に展開することを想定したとしても、たまたま利用できるグラウンドがあり、寮として利用できる物件があるとは限りません。また、自分でも最終的に到達したいことから、現在の年齢を逆算して考えていくと、今自分がやっている仕組みをスケールさせていき、大きな枠組みの中でそれぞれの場所、状況にあった展開、つまりオプションの数を増やして、状況にあわせて適応させていくということをしないと、自分が生きている間に成し遂げるのは無理だなと感じています。

例えば、ある地域の廃校を利用して人工芝のサッカーグラウンドをベースにトップアスリート向けのアカデミーを作ろうとしても、仮に自治体から助成金を出してもらおうとすると、やりたいようにはできないし、時間も非常にかかります。だったら、自分たちで作るオプションも最初から持っておこうぜという話です。それでも、自分たちで施設を作って、一文無しになったら意味がないので、それなりに潤沢な資金が必要になってきます。そう考えたら、会社の規模を拡大していき、別の枠組みで資金調達していく方が理にかなっていますし、スケールメリットも図れるため、よりやりたいことを時短でできるようになるだろうと考えています。

時系列的には10億円という会社の売上が見えてきてから、このようなアイデアに至ったのですが、きっかけとなったのが、２０１６年９月、東京放送ホールディングス（ＴＢＳ）とＴＢＳイノベーション・パートナーズ合同会社の共同出資によるファンドを割当先として第三者割当増資を実施し、４０００万円を調達したことです。これにより元々僕が１００％持っていたＡＳＬＪの株式比率は下がりましたが、今後も会社の継続的成長や、全国の子供たちによりよい選択肢を提供し続けることを行うために、追加で資金調達を行い、スピードをあげて取り組んでいければと思います。自分のやりたいことを生きている間に実現するには、今社会が課題としていることを解決テーマとし、自身が取り組みたいことに有機的に絡めていくことが大切で、僕は地方の老朽化施設、遊休施設を利用しつつ、トップアスリート育成、そしてプロになれなかったとしても世界で通じる自立した大人を育成するというテーマを推進していくことで、地方を活性化するきっかけにできるのではないかと考えています。

5. 日本社会の課題解決と自分が描きたい未来をシンクロさせる（全国のアカデミーが、スポーツツーリズム※に貢献する仕組みを作る）

地方では、人口が減少していく（若者が都市にでていく）、老朽化施設が多い、遊休施設が多い、店がどんどん減少していく……というようなことが日々進行しています。一方でサッカー界では地方に人を集め、地域を活性化している事例がいくつかあります。例えば、石川県七尾市は、和倉温泉という温泉街があるものの、金沢から車で70分かかるなど非常にアクセスが悪い場所です。そのため、冬は温泉需要で人が流れてくるものの、夏は閑古鳥が鳴く状況でした。そこで和倉温泉旅館共同組合の方がお金を出し合い、人工芝のグラウンドを3面作ることで、大会や合宿需要を呼び起こしたのです。その結果、夏の間も温泉旅館がパンパンになり、さらに需要が増えたことで、廃校を利用して2面のグラウンドを追加で作りました。そうすることにより、人が増え、店が増え、お金がまわっていきます。もちろん和倉温泉の場合は元々温泉旅館がたくさんあったというベースはありますが、僕は他の地方でも同様の形は作れると思っています。

そのために大切なことは、その場所にいく「強力な理由」を作ることです。指導者の方であればよく理解していただけると思いますが、どこかに合宿に行く場合、そこに行く理由が必要です。例えば、対戦相手の質がいい、参加条件がよい、選手の管理がしやすい、温泉がよい（笑）、飯がうまい（笑）などなどですが、とくに対戦相手のレベルが高く、スポーツ的な理由で行く意味のある場所というのは優先順位が高くなると思います。ただ、常にトップレベルのチームをその場所に呼ぶのはなかなか難しい面もあるので、その場所に他のどのチームも対戦したいと思うようなトップレベルのチームを作ってしまえばよいと思うのです。

僕がグランデアメージングアカデミー山梨をプロデュースする際に非常に拘ったのが、トップレベルの選手を集めるという部分です。アカデミーがトップレベルのチームであれば、県外から対戦をのぞんで来てくれますし、大会を開いたとしても、ある程度のレベルの試合が約束されるため、参加するという方向に指導者の気持ちが向きやすいのです。そうすると、石川県七尾市と同じように、チームが宿泊するための施設が必要となり、閑古鳥が鳴いている宿泊施設が潤い始めることになります。さらに宿泊施設が増えれば、受け入れ枠数が増え、お金が回り始めるので、新たにグラウンドを作る機運が高まってきます。グラウンドが増えるとさらに人が増えてくるので、店が増えてきて雇用が生まれ始めます。すると自治体も積極的に絡みはじめ、街が活性化します。また、その過程の中でスポーツツーリズムの成功事例として、メディアの注目が集まり、さらに人が増えるという循環が起こります。その流れのなかで、アカデミーからプロ選手がでてきたり、日本代表選手が生まれたりすると、その町に対してのアイデンティティーが強くなっていき、より人が定着するのではないかと思います。

このように僕が作っているビジネスモデルは……まず子供たちや保護者が直面している日本のスポーツ界で起こっている切実な問題を解決するための施策を行い、そこから起こってくるその他の悩みや要望に対してのソリューションを提供していく。当然、子供たちは小学生↓中学生↓高校生と成長していくに連れて新たな問題がでてくるので、その問題を解決するための新たなソリューションを提供し続ける。また、そのソリューションは事業として自走できる形で提供していく。なぜなら、最終的に子供たちや保護者、つまりマーケットが、質が低いと感じるものであれば、市場の原理によって淘汰される。つまり、常にみんなが切実に必要だとか、解決して欲しいと願っていることを事業として提供しながら、その仕組みの中で日本社会の課題も同時に解決しつつ、日本社会を変えて行く。そして、そういう強い気持ちを持った、世界で通じる自立した大人を作っていき、今後の日本をよりよく変えていってもらいたいと考えています。

※スポーツツーリズム……スポーツを見に行くための旅行およびそれに伴う周辺観光や、スポーツを支える人々との交流などスポーツに関わる様々な旅行のこと　出典　ＪＴＢ総合研究所

8章

サッカーに関わる仕事をしたい人へ
ビジネスを立ち上げたい人へ

8割のビジネスと2割のチャレンジ

会社を立ち上げてもうすぐ15年が経とうとしていますが、これまで様々な浮き沈みがありました。ファン向け事業が下火になったときもそうですし、キャンプ事業が好調から一転、不振・トラブルに陥ったことなど、壁は常に存在しました。しかし、その壁を一つひとつ乗り越えて会社を成長させられているのは、あることを常に実践しているからだと考えています。それは、**8割は事業を継続させるための（守備）、残りの2割でサッカー界によりよい未来を開くためのチャレンジ（攻撃）をする**ということです。

第5章でもお話しした通り、当時のメイン事業であったファンビジネスの業績は、2007年〜2008年ごろをピークに下降していきました。2008年に約1・9億円ほどあった売り上げは翌年1・4億円に。以降ファンビジネスが弊社の売り上げを占める割合は年々下がり、最終的には全体の5％以下となっていくのです。しかし、2010年に1・8億円と売上がわずかなから回復して以降、バルサキャンプをはじめとする育成事業が軌道に乗ってきていたこともあり、右肩上がりに成長しています。欧州クラブのファン向けのオンラインショップが順調なときに、キャンプ事業に早くから取り組みだしたおかげで、マーケットの収縮にいち早く対応することができたのです。

10年続く会社が1割にも満たない（諸説あり）と言われていますが、昨今は一つのビジネスモデルの寿命がどんどん短くなっています。同じビジネスモデルだと5年はもたないと肌で感じるぐらい、世の中のスピードが早いのです。事業が一度停滞したとき、売り上げがないから潰れていくか、**頻繁にマイナーチェンジを繰り返していくか、もしくはそもそも別のものに形を変えて動かすことができるか**が、事業が続くか否かの分水嶺です。僕はファン向け事業から運よく育成事業へのシフトに成功しましたが、それでも移行期はかなり苦労しました。その経験から、事業を継続させるための8割(守備)、とサッカー界によりよい未来を開くための2割のチャレンジ(攻撃）をベースとして、さまざまなことを実践しながら、事業を回しています。ここで、僕が事業を成長させるために、常に実践している行動指針を五つほど紹介したいと思います。

1．うまくいっているときこそ、新しいことを仕掛ける

弊社は、育成事業にシフトし、キャンプ事業がスタートしてすぐにスクール開校へ向けて動きだしていましたし、スクールが始まったときにはワールドチャレンジの構想を練っていました。現在メイン事業となっているキャンプ・スクール事業がまわっている間にサッカー留学・遠征部門を作り、またバルサとの事業の継続に暗雲がたつ前にはサッカーサービスバルセロナ社などとの事業を開始し、スクール展開からアカデミー事業へと転換させていっています。一つの案件を立ち上げてもそれだけで成立させようとすると、うまくいかない時が必ずやってきます。それを乗り越えるために、**日々新たなモデルを作っていく**必要があるのです。

また、競合他社との関係で言うと、ある案件を立ち上げてうまくいった場合、メディアや競合他社はうまくいったものに注目します。しかしながら、実際には物事が表にでるまでかなりの年月を要しているのです。

例えば、弊社のバルサキャンプが立ち上がったのは2007年8月ですが、実際には2006

年の12月ぐらいから仕込みを開始しています。一方、他社は表にでてきたものを見て、自分たちも何か似たようなことができないかと構想を練り始めます。つまり、他社はすでに弊社が立ち上げて成功させたものを後から追いかけます。その間に弊社は、誰もまだ気づいていないところに目を向け、他社がやっと弊社の前の案件に追いつきそうになったときには、別の案件を立ち上げてしまうのです。そうすると他社は常に弊社の背中を追いかけますが、弊社が別の事業を立ち上げるころに、弊社が以前にやっていたビジネスモデルを二番煎じで世の中に出すという形になります。そうなると、世の中に対してのメッセージも、常に新しいモデルを提案する会社と、常に誰かが手掛けたものを真似しているという会社という様なイメージが浸透していきます。

2. もし、うまくいかなかったら、すぐに軌道修正を図る

2割のチャレンジの中には当然うまくいくものとうまくいかないものがあります。例えば弊社のキャンプ事業は、コーチの体制、開催時期や数、都市にするか地方にするかなどの場所、またデイキャンプ・イブニングキャンプ、インテンシブキャンプ、エリートキャンプなどのコースの

バリエーション、など毎年いくつかテストを入れています。また、すべてのアンケートに目を通し、効果を検証して次回以降継続するかを決めます。

ただ、その中でもうまくいくときと全くうまくいかないときがあります。

例えば、過去にあった失敗の例としては、バルサキャンプの募集をローンチする当日に、キャンプ初日が子供たちの終業式と重なっていたため、そもそも子供たちは学校を休まないとキャンプにこられないということが発覚したことです。それぞれの地域の夏休み開始時期を確認しておくのはレベル1の話ですが、実際全国の数多くの地域で開催すること、やることが多岐にわたるため、すべてを細かくチェックできていないといったことが起こるのです。そのミスに気づいた際には、そのまま放置し、学校を休んできてくれる子だけを集めるということも可能ではありましたが、そこでとった方法は、そもそものトレーニング開始時間を午後以降に修正し、学校が終わってからもこられるような時間編成にしたのです。告知タイミングが遅れてしまうものの、公式サイトの修正を高速でやり、用意していたリリースなどもその日のうちに修正しました。**うまくいかないとわかった時点で、うまくいかないと認識しながら放置するのではなく、その時点の最適解に全力で起動修正する**ことが大切なのです。みなさんの周りでも、このままいったらトラブルが起こるということがわかっているのに、その瞬間に全力で起動修正にかかるということをできる人は意外と少ないのではないでしょうか。

3. 本物にこだわり、それをどういうメッセージにのせて伝えるか

僕が仕事をする際、常に意識していることがあります。自分の目で実際に見た上で、**本物だけを持ってくる、そして本質からブレない**ということです。ソシオなどのファン向けビジネス、キャンプ・スクール、ワールドチャレンジ、どんなときも必ず「本物」ということにこだわり続けました。長い間バルサの信頼を得ているのも、日本でこれまで事業を続けられているのも、常に長い時間をかけて本質を伝え続けてきたからだと思っています。

バルサキャンプを始めた時、海外クラブのキャンプ事業もあまり浸透していなかったため、多くの人が半信半疑でした。現地のメソッドを質の高いコーチの指導でしっかりと子ども達に身につけてもらうにはコスト的にどうしても高くなってしまい、弊社が設定したキャンプの参加費用には「高すぎる」という声もありました。

またバルサにとっても、キャンプやスクールは育成ではなく、根本的にはマーケティングの一環です。それは海外の他のクラブも同じで、日本から良い選手を発掘するという発想はなく、ライセンスを貸してクラブはお金になり、参加者に楽しんでもらうことでチームのファンになってくれれば、というものがほとんどでした。しかし、僕はエンジョイ型のキャンプは日本では絶対に成功しないと感じていました。日本人は習い事に対して熱心ですし、塾文化が浸透しています。選手、保護者の方々の意識や求めるものも非常に高いため、中途半端なものは淘汰されてしまうと思い、ゆっくりと時間をかけて、「ガチでサッカーを学ぶための圧倒的に質の高いバルサキャンプ」を追求し、そのイメージを浸透させていく道を選択しました。またバルサのマーケティング部の上層部にも、「日本ではエンジョイでは成功しない」と根気強く伝えていきました。指導するスクール部門のコーチは、しっかりと子ども達に教えたいものです。指導者にとっては自分の指導で選手が伸びていくことが一番楽しいですし、その方がキャンプはうまくいくと信じていました。

その結果、久保選手の発掘もあり、いまでは子ども達や保護者の間でバルサキャンプはよく知られた存在となりましたし、質の高いトレーニングで高い評価を得ています。最初は高いと批判のあった参加費用も、いまでは多くのキャンプのスタンダードな価格設定となっています。バルサも、今では日本のキャンプ・スクール事業を選手発掘の場としても捉えており、バルサキャンプをスタートしてから約10年、長い時間をかけてようやく多くの人に理解をいただけるようになったと実感します。

長期的なスパンで地道に、ブレずに本質を追い求め続けることと同時に、事業の面を増やして、正しく迅速に伝えるための努力も同様に重要です。一見矛盾しているようにも見えますが、**「本質」とそれを伝えるための「メッセージ」、これを両立しないとマーケットは動きません。**ときには広く伝えていくことにこだわるということも絶対に必要なのです。

スペインに行ったことのある人が100人いたとすると、その中で現地のサッカーをスタジアムで観戦したことのある人は、おそらく10人もいないと思います。さらに実際にバルセロナの育成部門の練習を見たことがある人など皆無でしょう。つまりバルサの姿はテレビでのトップチームの試合のみ。実際にバルサの何がすごくて、育成はどうやっているかということは誰も知らないのです。

例えば、ミシュランの三ツ星レストランに行って、料理を食べただけでは、そのレストランの全てを理解することはできません。おいしいのかどうか、なんとなく何を使っているかはわかるかもしれませんが、「なぜそれを作ろうと思ったのか」「なぜそこに店を作ったのか」「なぜその食材を使ったのか」「この料理はメニュー全体の中でどういう位置付けにあるのか」。本来プロが考えている深いところまで知ることは不可能でしょう。つまり完成した料理だけを見ても、本質はわからないはず。バルサのサッカーも同じで、結果としての試合だけを見ても、「バルサはパス回しがうまいなあ」で終わってしまいます。そのプレーが生まれるまでにどういう哲学があり、価値観があり、体制があり、仕組みがあり、指導者があり、トレーニングがあり、環境があるのか、全てを紐解かなければバルサのプレーを理解したことにはなりません。

そこを少しでも理解してもらうには、百聞は一見に如かず。実際に見てもらうしかありません。誤解を恐れずに言えば、それを手っ取り早く多くの人に伝えたいという思いから、ワールドチャレンジ開催がありました。また、第6章でお話ししたように、メディアが会場まで足を運んでくれるという点では「久保建英選手のプレーが見られる」という事実は非常にインパクトがありました。僕は日本の育成を変えたいと思っていますから、どれだけ意義のあることをやっていても、人に伝わらなければ意味がありません。そしてもっと重要なのは、その後の大会の価値の継続にこだわることです。1年目は久保選手を、2年目はバルサを見に来た観客に、3年目以降この大会そのものを見にくるようにしていかなければなりません。一回の打ち上げ花火で終われば「結局久保くんを見せたかっただけでしょ?」「また、わかってない企業が有望な若い選手を利用してる」という批判を受けてしまうことになってしまうのです。

価値を正しく伝え続けていれば、必ず周囲の人たちが評価をしてくれて、また新たなチャンスがやってきます。逆に適当なことばかりをやっていると、自分の周りにも適当な人が集まります。友人のスペイン人がよく言う言葉で、Los tontos hacen más tontos という言葉があります。バカが集まると輪をかけてバカなことをする、つまり類は友を呼ぶですが、適当な人が集まって適当なことをやりはじめると、適当が加速していくのです。上に行き続けるには、**本質・本物の追求を絶対に妥協してはいけません。そうしていれば、自然と本物が集まってくる**のです。

4. 好きなことをやっているから、お金は二の次ではダメ

僕がスポーツビジネスをやるうえでの重要なテーマとして、「**みんなが喜ぶ仕組みで、自分た**

ちのビジネスを自走させる」ということがあります。つまり、誰かに頼るのではなく、自分たちのお金で事業を回していくということです。弊社は直接的に助成金や補助金を自治体や行政から受けたことがありません（助成金に否定的ではなく、そこに至ってしまうマインドに慣れたらだめだと思うからです）。サッカーなど、スポーツは公共性の高い事業ですから、比較的行政の支援を受けやすくもあるのですが、そうすると補助金や助成金を前提として会社の運営を考えてしまいます。助成金は未来永劫でるものではありませんし、スポーツ業界が自分たちのお金でまわせる仕組みを作らないと、いつまでたっても「スポーツは儲からない」という永遠の課題を解決できません。助成金をどこから引っ張ってこれるかよりも、来てくれた方が喜んでお金を払ってくれ、「あそこの〇〇がいいよ！」と他の人を連れてきてくれるレベルのものを作ることに全力を尽くすべきだと思うのです。

正直に話すと、バルサアカデミー単体で事業としてまわすと利益のでる仕組みにはなりません（一般企業だと回収不能と判断され投資対象にならないでしょう）。1年間1500万円程の金額をバルサに支払いつつ、バルセロナから派遣されるコーチの家賃、家具、電化製品、交通費、携帯代、WIFI代、休暇で利用するフライト代などあらゆるものをすべて負担します。日本人の常駐コー

バルサスクール奈良校オープンの記者会見にて

チも4人～5人社員として常駐しています。アカデミーを1年間やるよりも、キャンプを1カ月集中的にやるほうが利益率はよいのです。だからといって効率だけを追い求めることは、僕らが掲げる「**一流になるための取り組み方を、サッカーを通じて学び続けられる仕組みを作る**」という理念に反します。

ただ一方で、好きなことをしているから、社会的意義のあることをやっているのだから、お金はどうでもいいという考え方は、僕は違うと考えています。大切なのは子供たちが一回だけ本物に関わる機会を提供することではなく、本物と関わる機会を提供し続けることが大切なのです。そのためには、当然質の低いものや効率的なものを提供するより、経費も時間もかかりますし、意識が高いスタッフを確保できる給与水準が必要です。スポーツを愛する人たちの情熱ややりがいに依存しているだけでは、本当の意味でスポーツの未来は開けません。僕は「スポーツが儲からない」という状況を、少しでも変えていきたいと思っています。スポーツに関わった人が、その先に十分に食べていくための手段が確立されれば、高校3年生で部活を引退してから、サッカーの世界とはそれっきりという状況も変わり、選手として、またはビジネスマンとしてスポーツに携わることを目指す若者も増えるはずです。

5.「何もなかった」人生はチャンス

僕のこれまでの人生は、決して順風満帆ではありませんでした。10代の頃は地区トレセンにすら一度も呼ばれないような選手でしたし、大学サッカーもたった2週間で辞めてしまい、サッカーで食べていくなんてこととは対極にいる人間でした。初海外は19歳だったこともあり、小さい頃から海外に行って色々な価値観に触れていたわけでもなく、「もっと早く出ておけばよかった」と思うこともしばしばです。社会人になってからも、転職を繰り返して悶々としていた時期もありました。

しかし、そんな「何もなかった」自分だからこそ、こうして今の仕事に繋がり、サッカービジネスの世界で生き残ることができているのかもしれません。中途半端にしかサッカーをやってこなかったことに対する後悔が、サッカービジネスの世界で何かを成し遂げたいというモチベーションに繋がっていますし、本物のサッカーを教わらずにきた経験があるからこそ、誰よりも本物を提供することにこだわっています。もしきちんとした指導法で学び、それが自分にとって当たり前になっていたなら、多くの人が本物を知らないことにも気づけなかったかもしれません。**「何もなかった」人生だったということは、それだけ「気づき」のチャンスが沢山ある**ということなのです。

そのチャンスを掴むためには次々に行動し、知識と経験を積み重ねるべきです。僕はこの数多くの経験を得るということに関しては、尋常ではないぐらい時間とお金を投資してきました。沢山の本を読んで、セミナーも受け、海外に飛び出しました。特に、大学生には「親に借金してでも海外に行った方が良い」とよく言っています。自分自身、今までの貯金は、ほとんど「自分への投資」に使ってきました。

これまでにやってきたことはたくさんありますが、今まで自分に投資してきたことを列挙すると左記のようになります。大学時代は自分が興味のあったことをメインに自己投資し、社会人になってからは就職を見据えての自己投資、会社を設立してからはとにかくビジネスレベルをあげるためです。

●**大学在学中**

・スペイン短期留学〈1年生の終わり（1995年）にバリャドリードに1カ月間〉
・通関士講座〈大学で行われていた講座。途中で興味がなくなり受講を止めました〉
・スペイン留学〈2年生の終わり（1996～1997年）に休学してマラガに1年間〉
・カナダ短期留学〈3年生（1998年）の終わりに1カ月間〉
・バックパック旅行〈1年～4年生の間の空いているタイミングでちょこちょこ30か国〉
・大学では、英語、スペイン語、イタリア語、フランス語、スウェーデン語、ハングル語など、自分に少しでも為になりそうな授業はできる限り受講
・イタリア人のスピーキングパートナーと定期的にイタリア語の練習

●**社会人後**

・日本語教師養成学校〈（1999年～2000年にかけて）青年海外協力隊で海外へ行くこと

も視野に入れていたのだが、学びだしてからやっぱり日本語教師には興味がないと気づき、半年で挫折〉

・スペイン語学校〈（1999年～2000年にかけて）プロ養成のスペイン語学校に1年間。スペイン語の通訳か翻訳の仕事をすることも視野に入れて本格的に勉強〉
・公共の英語学校〈ベネズエラ時代〉
・英語の家庭教師〈ベネズエラ時代。週1回で1年間受講〉
・フランス語学校〈ベネズエラ時代。3カ月間〉
・英語学校〈ベネズエラからの帰国後すぐ。イングランドへ短期留学前1カ月間〉
・イングランド短期留学〈ボーンマスに2カ月間。帰国後、TOEICで845点〉
・NGOスタディーツアー〈ベネズエラから帰国後。ネパールの医療施設〉

●会社設立後

・ECビジネス専門のスクールを受講〈会社設立2年目の2006年から1年間〉
・トップマーケッター神田昌典氏が運営するビジネススクールを受講〈2016年から1年間〉
・ヒューマンアカデミーで欧州サッカーマーケティング実践講座の講師〈2007年～2012年〉

会社設立後からは、自分が出向いていって学ぶことよりも、月3～4冊ぐらいのペースでビジネス本を購入し、気に入ったものについては、会社で配布したり、社員研修時の課題本にしています。ただ、基本的には本で学んだことを自分の事業に落とし込む、つまり実践することを目的としています。また、インプットだけではなく、アウトプットとしては、ヒューマンアカデミーで4年にわたりほぼ毎週4時間の講座を受け持っていたことも大きいです。このときの生徒の多くが現在、Ｊクラブを含むサッカー業界の最前線で働いています。

これからスポーツビジネスで起業しようとする人へ

ここまで読んでいただきありがとうございます。本書を読んでくれている方の多くがスポーツビジネスで活躍したいと考えている学生や社会人だと思います。最後になりますが、未来のスポーツ界を作っていかれるみなさんへ、人生をかけて取り組みたいと思えることが見つかるコツを伝えたいと思います。

まず、**どうやったら儲かるか、ということを頭から外してください**。ただこういう風にやったら儲かるかもと皆さんが考え付くようなビジネスはほぼすべて誰かがやっています。

そうではなく、日常生きていて、これ不便だなとか、おかしいよねとか思うことをとにかく羅列してみてください。例えば、僕は今、二子玉川のマクドナルドで執筆していますが、駅前なので本当に混んでいるんです（電源があるところが希望なのでマクドナルドがいい）。今日も、来てみたら20人ちょっと並んでいる。「ファストチケットがあったらいいなあ、少しぐらい追加でお金払うのになあ」とか思うわけです。では、なぜマクドナルドがそれをしないのかと行ったら、人手の問題とか、コントロールしにくいとか、よくわからないですが、いろいろ問題があるのかもしれません。だからやらない。でも、このように日常のありとあらゆる場面に不便なことだったり、「これなんとかならないかなあ」ということがあるのです。

では、なぜみんなそれを変えようとしないかというと、我慢できることだったり、そもそもそこに対する熱量がなかったり、自分が動いてもどうしようもないことだったり、変えようとしてもビジネスにならないことだったり、いろいろな制約があるわけです。だからやらない。でも、逆に考えると、自分が好きなものだったり、そこに対して熱量があったり、「自分が動いたらなんとかなるかも」ということだったりしたら、やる価値があるんじゃない？　と思うのです。

例えば、サッカーがうまくなるメカニズムは、まず心の底からサッカーが好きになること、そして好きだからこそ、うまくなりたいと思うようになる。そこで探求心があれば、どうすればサッカーがうまくなるかということに熱量高く取り組むことができる。そうすれば、サッカーは間違いなくうまくなるのです（プロ選手になれるかどうかはまた別）。起業は、そういったところに社会的意義や使命というのが加わる。**好きだから加わる熱量と、社会的意義や使命として心から湧き上がる圧倒的熱量、これが起業に必要なこと**。

よく、自分が持ってるものを利用して事業を作ろうとする人がいたりします。僕の例でいうと、ベネズエラの民族系の雑貨を輸入できるルートがあるから、日本で南米の輸入雑貨店を開くというような発想です。誰かが欲しいと言ってくれたわけでもなく、ただただルートがあるから店をやってみようかなあというような考え方です。こういう発想で起業すると間違いなく失敗します。目の前に落ちている石を磨いてもダイヤモンドにはなりません。大切なことは自分が持っているものの何かが、勝手に需要があると考えないこと。そうではなく、**誰かが切実に必要としている需要をとらえること**につきます。ただ、それでも成功する確率は低いので様々なパターンのシミュレーションが必要になってきます。

僕が考えてボツにしたサービスが二つあるので紹介します。一つめ。日本全国のサッカーをしている子供たち、そして保護者にとっての切実な、行きたいチームの内情がわからないという問題を解決するアイデアです。本当に多くの保護者から、「○○のジュニアユースはどうですか？」というような質問を受けます。そこで思いついたのが、食べログのサッカー版的なサービス。あらゆるチームのゲームモデルとか指導者の方針、トレーニングの内容、戦績などについて、匿名で登録した上で誰でも書き込めるサービスです。これによりチーム名とともにその下に口コミが掲載されていくので、体罰、罰走などはできなくなるし、指導の質を高める必要もでてくるため、日本サッカーの育成を改善するのに効果があるのではと考えました。

ただ、問題だと感じたのは、レギュラーから外された腹いせに書き込みしたりするような人が出てくるのではないかと考えたのが一つ。そしてその書き込みが食べログなどとは違い、不特定多数ではなく、特定少数であるため、人物特定できてしまう可能性があること。またコーチが変わればゲームモデルが変わってしまうことが多い日本サッカーだとなかなか難しい。さらに事業としての回収ポイントにチームからの広告モデルは機能しない（サッカーチームはお金を持っていない）ため、アクセス数に対しての広告モデルか、希望の項目を見るために支払ってもらうパターンのモデルとなるため、割く人的リソース、システムリソースをカバーするのは厳しいかなと判断しました。熱量的には社会的意義があるもので、好きなサッカー界を良い方向に変えられる可能性があるものではあるのですが……。

二つめ。こちらも保護者からすると切実な問題である送迎問題。今、スポーツでも勉強でも自宅の近くにある場所ではなく、遠くに通うということが頻繁に起こっています。最近は送迎サービスがあるスクールなどが増えてきましたが、保護者にとっては毎回自分が送り迎えをするというのは本当に大変なことです。一方で、自分の通うスクールには送迎バスがない。もちろん送迎バスがあるスクールに行くことは可能ですが、自分が行きたいスクールかつ、送迎ありがベストなのは言うまでもないことです。この案もボツになったのですが、僕が考えたのは、いくつかのスクールの送迎をまとめて請け負ってしまうというサービスです。

例えば、３面あるフットサル会場だと同時に三つのスクールがまわっていたりするのですが、どこも送迎がないなんてことはざらにあります。そこでそういった場所で運営者と話をし、送迎の部分だけは外注してもらい、さまざまなスクールの子をまとめていくつかのルートにわけて送迎してしまおうというサービスです。ただし、ここでやっかいなのは、別々のスクールなので終わる時間がまちまちであることもあり、それぞれのスクールで開始時間と終了時間をあわせてもらう必要があります。また、いただける費用も子供一人おそらく500円程度が1送迎で限界だと思われるので、マイクロバスでまわしたとしても、運転手の人件費＋バスの維持費が精一杯というところかなと考え、ボツにしました。もしかしたら、送迎する子供の数が合計1000人とか超えたら、学習塾などから広告を取れたりするし、もう少し事業的にはなんとかなるかなと考えましたが、事故の際の責任も考えないといけませんし、事業認可の問題もあるため、早々にボツにしました。ただ、多くの保護者からすると切実な問題であることは間違いないし、事業に取り組む際の熱量もあがるとは思いますが……。

二つ例をあげましたが、僕は日々、本当に毎日のようにこのようなサッカー界の不便を解決する方法を考えています。その多くは実現不可能だったりするのですが、サッカー界の環境を少しでも良くし、将来的にはスポーツ界全体のおかしな部分を解決しつつ、事業としても成立するものを立ち上げたいと思います。いろいろ考えるのは本当に楽しいです。ここではボツのアイデアしか出していませんが、温めている有望なアイデアもあります（笑）。

大切なことは、最初から誰もが「すげえ！」という事業を作るのを考えることではなく、目の前にいる自分が関わっている人たちの切実な不便を取り除いてあげるアイデアを考えることがその一歩になります。

ボツにした案を二つ書きましたが、その二つですらうまくいかないなんてわからないのです。僕が実行しなかったのは、人生は一回しかなく、人生をかけてやるべきことかどうかということを常に考えているからです。世の中の動きはとても早く、多くの人が日々新規事業を考えています。まだ起業したことがなくて、起業したいと思っている人は、とにかく自分が思いついたことの中で、自分が心からやりたいと思ったことはやってみればいいのです。うまくいかなくても、それは失敗ではなく、自分の中の選択肢が一つ消えただけです。

特に、**「この仕組み、どうやっても変えるの無理じゃない？」と思えるようなことは大チャンス**です。ブラック部活の問題、学校指導者の働きすぎ問題、ジュニア世代のリーグ戦化問題、一度チームに所属したらなかなか移籍できない問題、チーム登録させてもらえない問題、少年団の指導者がボランティアせざるを得ない問題などなど、熱量を高めて、人生をかけて取り組むことが大切です。ただし、**社会の構造を批判し、抗う形ではなく、誰もがそちらの方がいいよねと自発的に流れていく仕組みを作ること**を考えるのです。

事業でも人生においての経験でも、大切なことは死ぬときに「楽しい人生だったなあ」と思えるかどうかだけだと思うのです。

現在のサッカービジネスを取り巻く世界の状況について

現在のフットボールの進化は非常に早く、毎日仕事として接している僕ですら置いていかれそうなぐらいです。また、フットボールビジネスは完全にグローバル化しており、ありとあらゆる国のサッカーバカ（愛情をこめてです〈笑〉。）が、本気で人生をかけて突っ込んできています。欧州がどうかとか日本がどうかとかではなく、フットボールマーケットは世界全体でみる必要があります。ただ、２０００年以降続いている欧州フットボール界のリーダー争いは一旦スペインが勝利したのではないかとみています。ただ、そのスペインがスペインという枠に収まるのではなく、指導者たちが英語を本気で学び、グアルディオラの例を見るまでもなく、あらゆる国に輸出しているため、世界のフットボールが一度スペインから学び、そこからさらに独自の発展を遂げている段階かなとみています。

ビジネスの目線で言うと、言い方は悪いですが、選手というのはもはや株券と同じような目線で見られていて、マネーゲームの標的となっており、この流れは止めようもない気がします。一方国内においても、サッカーをはじめとするスポーツというコンテンツが東京五輪以降の日本社会を立て直す唯一の光かのごとく、楽天、サイバーエージェント、メルカリ、ミクシィ、アカツキなどをはじめとする平成を代表する大企業が本気で参戦し、Jリーグは第二創業期に近い動きになっています。今後、日本の社会構造がサッカーをはじめとするスポーツを軸として変わっていくのではないかと大きな期待を持っています。

人生の最終目標はない。
将来を予め見据えて、点と点をつなぎあわせることはできない

27歳のとき、とうの昔に自分の中では終わったことになっていたサッカーの世界に、ふとしたきっかけでビジネスマンとして足を踏み入れることになり、突然バルサに関わってから15年、あの頃の自分には想像もできなかったところまで来たものだと実感します。起業してからは、常に

目的地を決め、そこから線を描いて一つひとつの点を実現していく仕事のしかたを続けています。
冒頭では故・スティーブ・ジョブズ氏が２００５年のスタンフォード大学の卒業生向けに行ったスピーチを紹介しましたが、その同じスピーチの中でジョブズ氏は、「将来をあらかじめ見据えて、点と点をつなぎあわせることなどできません。できるのは、後からつなぎ合わせることだけです。だから、我々は今やっていることがいずれ人生のどこかでつながって実を結ぶだろうと信じるしかない」と述べています。（引用：「ハングリーであれ。愚か者であれ」ジョブズ氏　スピーチ全訳　日本経済新聞）
僕がやってきたサッカー、スペイン語がバルサとの出会いのきっかけとなり、働いていた会社の倒産が起業するきっかけとなり、ファンビジネスの落ち込みが育成事業やトップアスリート育成に向かうきっかけとなりました。また、目標をクリアし、ステージが上がるたびに自分の目標も勝手にアップデートされていくことに気づき、まだ見えない未来を開いていくことが人生の楽しみとなりました。この先、たくさんのゼロからイチを作り上げる作業を行うなかで、点と点がつながっていき、日本の社会に貢献することになればいいなと思っています。その時に、バルサと始めた仕事が、最終的にここにつながることになってたんだよと、これまで支えてくれたスタッフ、そして家族と分かち合えればと思います。

●著者プロフィール

浜田満（はまだ・みつる）1975年奈良県生まれ。株式会社Amazing Sports Lab Japan代表取締役社長。自身も高校時代までサッカーに打ち込む。関西外国語大学スペイン語学科卒業後、数回の転職を経て、欧州サッカークラブのマーチャンダイジングライセンスビジネスに携わる。04年6月、FCバルセロナソシオの日本公式代理店として独立。スペイン語、英語、イタリア語の三か国語を操り、FCバルセロナ、ACミラン、アーセナルなどの欧州ビッグクラブのライセンスビジネスやマーケティングに携わる。
現在は、FCバルセロナキャンプ、バルサアカデミー、国際大会のプロデュース、プロ選手や育成年代のトップ選手向けプレーコンサルティングを手掛けながら、日本社会の課題を解決すべく、スポーツを通じた地方創生をテーマにトップアスリート育成アカデミーを全国に作る活動をしている。著書に『サッカービジネスほど素敵な 仕事はない』（出版芸術社）、『世界で通じる子供の育て方　サッカー選手を目指す子供の親に贈る40のアドバイス（徳間書店）』、訳書に『FCバルセロナの人材獲得術と育成メソッドのすべて』（カンゼン）がある。
浜田満ブログ：http://mitsuru-hamada.net/
浜田満 Twitter：@mitsuruhamada

ASLJ 公式 HP:http://aslj.net

ASLJ 留学・遠征：https://www.aslj-ryugaku.net/

U-12 ジュニアサッカーワールドチャレンジ：https://u12-juniorsoccer-wc.com/

グランデアメージングアカデミー山梨：http://grande-amazing-academy.com/wp/

ASLJ トップエリートプログラム：http://aslj.net/top-elite-clinic/

FC バルセロナキャンプ：http://fcbcamp.cat/japan

バルサアカデミー品川大井町：https://barcaacademy-shinagawa-oimachi.jp/

バルサアカデミー福岡＆熊本サテライト：http://fcbescola-fukuoka.jp

バルサアカデミー奈良：http://fcbescola-nara.jp/

バルサアカデミー葛飾：http://fcbescola-katsushika.jp/

エコノメソッドスクール http://soccerservices.jp/school/03/ekkono

エコノメソッドキャンプ：http://soccerservices.jp/camp2019W/

アメージングフットボールアカデミー：http://amazing-football-academy.net/

メルカットバルセロナ：https://www.mercat-barcelona.jp/

ケリなび：http://kerinavi.sakaiku.jp/

ムンドデポルティーボ日本語公式：https://mundodeportivo.jp/

ゼロに飛びこんでイチをつくる

ＦＣバルセロナとのビジネスから学んだ未来の開き方

発行日	2019年4月25日　第1刷
著　者	浜田　満
編集・構成	池田タツ・和田拓也
発行者	清田名人
発行所	株式会社内外出版社 〒110-8578 東京都台東区東上野2-1-11 電話　03-5830-0368　（企画販売局） 電話　03-5830-0237　（編集部） https://www.naigai-p.co.jp

印刷・製本　中央精版印刷株式会社

ISBN 978-4-86257-350-6　C0075